CEIBS | 中欧经管图书

财富管理

从改变认知开始

芮萌 著

中国出版集团
东方出版中心

图书在版编目（CIP）数据

财富管理：改变从认知开始 / 芮萌著. 一上海：东方出版中心，2019.10（2021.6重印）
ISBN 978-7-5473-1555-2

Ⅰ. ①财… Ⅱ. ①芮… Ⅲ. ①投资管理—基本知识
Ⅳ. ①F830.593

中国版本图书馆CIP数据核字（2019）第210586号

丛书策划　刘佩英
特约策划　胡峙峰
责任编辑　徐建梅
特约编辑　朱　枫　张碧萱
装帧设计　**奇文雲海 Chival IDEA**

中欧前沿观点丛书

财富管理：从改变认知开始

著　　者　芮　萌

出版发行　东方出版中心
地　　址　上海市仙霞路345号
邮政编码　200336
电　　话　021-62417400
印 刷 者　山东韵杰文化科技有限公司

开　　本　890mm×1240mm　1/32
印　　张　7.25
字　　数　119千字
版　　次　2019年10月第1版
印　　次　2021年6月第3次印刷
定　　价　68.00元

院长的话

1994年，中欧国际工商学院（下称“中欧”）由中国政府和欧盟联合创立。廿五载风雨兼程，伴随着中国经济稳步迈向世界舞台中央的历史进程，中欧从西方经典管理知识的引进者，逐渐成长为全球化时代中国管理知识的创造者和传播者，走出了一条独具特色的成功之路，建成了一所亚洲领先、全球知名的商学院。中欧以“认真、创新、追求卓越”为校训，致力于培养兼具中国深度和全球广度、培养积极承担社会责任的商业领袖，被中国和欧盟的领导者分别誉为“众多优秀管理人士的摇篮”和“欧中成功合作的典范”。目前，中欧的MBA和EMBA课程均位列英国《金融时报》排行榜全球五强，在亚洲商学院中无出其右者，与全球顶尖商学院相比亦不遑多让。

中欧拥有世界一流的教授队伍，其中有70余位全职教授，来自全球18个国家和地区，他们不仅博学善教，也引领商业知识的创造。中欧的教授队伍中既有学术造诣深厚、连续多年入选“高被引学者”榜单的杰出学者，又有实战经验丰富的企业家和银行家，以及高瞻远瞩、见微知著的国际知名政治家。

受上海市政府委托，中欧领衔创建“中国工商管理国际案例库（ChinaCases.Org）”，已收录精品案例1 200多篇，被国内外知名商学院广为采用。中欧还独创“实境教学法”，引导商业精英更好地将理论融入实践，做到经世致用、知行合一。

此次，中欧教授中的骨干力量倾力推出中欧前沿观点丛书，不仅是为即将到来的中欧25周年校庆献礼，也是希望以简明易懂的形式让高端学术“飞入寻常百姓家”。我们希望这套丛书能够给予广大读者知识的启迪、实践的参照，以及观察经济社会的客观、专业的视角；也希望随着中欧前沿观点丛书的不断丰富，它能成为中欧知识宝库中的一道亮丽风景线。

李铭俊教授

中欧国际工商学院院长

迪帕克·杰恩（Dipak Jain）教授

中欧国际工商学院欧方院长

2019年9月1日

总　序

中欧前沿观点丛书和读者见面了。首批6本图书于2019年出版发行，而2019年恰逢中欧国际工商学院建院25周年。中欧国际工商学院（下称“中欧”）是中国和欧盟于1994年合作创办的商学院。中欧在短短的25年里创造了世界教育领域的奇迹——从最初十年的默默无闻到最近十多年来屡居全球商学院多个权威榜单的前茅。在英国《金融时报》的榜单中，中欧MBA课程位居全球第五（2019年1月发布），中欧EMBA课程也位居全球第五（2018年10月发布）。两个“全球第五”成为中欧25周年华诞的完美献礼！

中欧能够打造精品课程，仰仗的是中欧教授深厚的学术修养和实操经验。中欧拥有70余位全职教授，来自18个国家和地区，其中中国籍教授占40%（含港澳台），外籍教授占60%。中欧教授均有在海外留学和教学的经历，熟悉国际学术界的前沿理论及其商业应用，因而他们具有宽广的国际化视野。同时，中欧每个教授均花费大量时间和精力深耕中国案例，因而他们拥有对中国实践的深刻认知。中欧为这些具有“中国深度、全球广度”的教授们提供了发挥其才能的最佳舞台，而教授们回馈其才华帮助中欧实现"聚焦中国、贡献世界"的雄心。

遗憾的是，绝大多数中欧教授"养在深闺人未识"。这套中欧前沿观点丛书意在弥补这个缺憾，让这些"隐士教授"向大众读者露个脸，让不曾上过这些教授课程的读者领略一下他们的学识和风范，同时也让上过这些教授课程的读者重温一下曾经品尝过的思想佳肴。丛书编委会希望这套丛书能呈现四个特点。第一是有料，就是书中有足够多的满足读者胃口的知识点。第二是轻快，做到"内容轻学术，形式简篇幅"，让读者翻开书就被吸引，手不释卷能在较短的时间内读完第一遍。第三是回味，就是在读完第一遍后，还会有兴趣去读第二遍和第三遍，既要"轻学术"，又要"厚内涵"。第四是实操，就是书中的知识能够对现实中的相关决策有一定的指导意义。简而言之十个字：有料有回味，轻快能实操。这"十字诀"就是中欧前沿观点丛书的定位。

中欧前沿观点丛书首批6本将在2019年11月举行的中欧25周年庆典上亮相，之后该丛书将继续推出中欧教授的原创小书。经济学中有个著名的观点：小的是美好的。希望这套丛书会是中欧教授思想的美好呈现。我们会竭尽全力将这套丛书做成精品，同时我们愿意倾心听取读者的批评意见（电子邮箱：gdcs@ceibs.edu）。

本套丛书的成功出版要感谢中欧领导层的支持，感谢丛书顾问们的指导和丛书编委们的付出。同时也要感谢数字中欧和东方出版中心的通力合作。我们期待中欧前沿观点丛书能够吸引到一大批忠实的读者。愿这套丛书与读者常相伴，共成长！

中欧前沿观点丛书编委会

2019年8月于上海

前　言

新常态下的财富管理

现阶段全球经济正处于低利率、低增长、低通胀的市场情况，经济和金融发展都面临陷入停滞的风险。除此以外，货币超发、流动性过剩、实际负利率、资产泡沫、财富焦虑等，都是当下中国经济和资产运行大环境的关键词。受益于改革开放政策、人口红利等多种有利因素，过去三十多年中国经济经历了一个高速增长的周期，但随着中国人口老龄化现象的加剧，人口红利日渐缩减，开始从数量方面向素质方面转变。当下中国经济成功“软着陆”，步入“L”型发展的新常态，未来5～10年中国经济发展将面临结构性方面的压力。

从整体经济大环境对资产配置的影响来看，机构投资者和个人投资者在思考长期投资策略方面已经开始向成熟、理性方向发展，资产配置也更加多元化和全球化，如投资组合中海外资产比重的增加就是最直观的表现。对于个人投资者而言，资产配置策略不仅是决定投资收益率最核心的原因，也是将资产从生命周期的一个时期转移到另一个时期的重要载体。

根据招商银行和贝恩公司最新发布的《2019中国私人财富报告》，受实体经济下行与市场波动的影响，中国高净值人群的规模及其持有的可投资资产的增速较之前年份有所放缓。2018年，中国的高净值人群数量达到197万人，共持有61万亿元人民币的可投资资产，人均持有资产规模为3 080万元人民币。但从持有的资产配置结构来看，仍然以不动产为主。随着2015年国内房地产价格达到阶段性的高位，从决定房地产长周期的最根本的人口因素来看，最佳配置房地产资产的时点已经过去。考虑到经济下滑的趋势和预期的通胀因素，投资者未来应该考虑“定制化”一揽子资产配置方案，从融资需求、收购/兼并需求、海外扩张、财富传承需求、移民需求以及税务筹划方面整合自有资产。

本书的读者对象为中产及以上的职场人士与企业家，包括高净值人群。

我们一般把资产类别划分为两大类：一类为传统资产，包括股票、债券、现金等货币基金；另一类为另类资产，包括房地产、保险、外汇、私募股权、风险投资、期货、大宗商品、收藏品等。如何管理财富需要专业知识和智慧。财富管理是一个系统工程，它的范围包括：积累、保护、转移、资产管理、投资服务、纳税管理、信贷和流动性、保险、慈善规划、公司金融服务、遗产继承战略。目前中国的财富管理与国外发达的市场相比还处在起步阶段。具体表现在财富拥有者（买方）和提供服务的专业人士（卖方）的不成熟。

作为买方，其资产配置不够多元化，持有成本欠考虑。财富拥有者们面对积累的财富并没有形成一个资产配置整体组合的概念，作为民营经济实体中的财富拥有者及支配者，理应拥有一张完整的资产负债表，即包括实业资产、金融资产乃至无形资产的“家族资产负债表”，但目前国内的财富拥有者们对于实业资产和自身金融资产的界定并不清晰，企业财富并没有能够与家族财富明确区分，从而导致个人或家庭可支配资产偏低。同时他们的投资习惯依赖个人经验，投资回报预期尚缺理性。此外，他们在理财方面亲力亲为，基于一些客观和主观因素对专业机构信任度不高，大部分人没有形成为专业服务付费的概念。

作为卖方，财富管理行业在中国是被历史割裂的，没有现成模式可以借鉴和传承。现在国内的各类商业银行、保险、证券、信托、基金、资管等金融机构采用的服务高净值客户的方式都是照搬国外；更有甚者，很多是打着“财富管理”旗号做一些含金量较低的业务。同时，也出现了众多财富管理的专业人士经验少、水平低，并有少部分人缺乏职业道德的现象。由于中国卖方行业的发展不成熟，导致卖方机构以及从业人员通常站在自身利益的角度出发“销售产品”，而不是秉承财富管理的初始理念从客户的角度来提供服务和解决方案。当然，这和中国目前处于财富管理行业发展观念滞后、战略规划缺乏、产品创新不足和人才储备不够的环境与野蛮发展的阶段也有关系。

由于财富管理的本质属性是从客户角度出发提供解决方案，所以，在中国要真正建立以咨询为驱动的业务模式才是财富管理行业成功的关键。那么什么条件才算是构成了“真正的咨询驱动模式”呢？

首先，作为买方要有为咨询服务买单的意识。“羊毛出在羊身上”是常识。虽然近几年在中国商界“羊毛出在猪身上的”的做法很多，但是把这套搬到财富管理行业来做的话，是万万行不通的。

其次，作为卖方，要从提供客户所需的解决方案角度来设置商业运作模式。例如，在客户细分方面，需要采用多维度的方法进行客户细分来洞察客户的需求，通过重点关注客户群特征、时间、盈利能力等几个重要维度之间的交互关系来为客户提供更加有效的咨询方案。在产品服务方面，需要借鉴国际财富管理的产品、服务框架，进一步扩展产品和服务内容，整合多个金融服务提供者，建立开放式的产品架构，以广泛的产品为客户提供个性化的产品和服务组合方案。

要形成以价值为主张的买卖双方对接的良好商业生态，形成合理的“需”与“求”的自然连接。其中，要把“咨询服务”与“产品销售”中缺失的整合性的财富规划与管理流程提上重要位置。

尽管当前财富管理领域问题与挑战并存，但是这也意味着其可完善升级的潜力也更大。从长远来看，未来，我们认为财富管理行业的发展将会是一片蓝海。投资者只有深度理解在管理财富时所展露出的人性、挖掘财富的本质、积极拥抱尖端金融科技和调整财富理念，才能拨开财富迷雾找寻到那缕指路星光。

最后，诚挚感谢北京博泽资产管理有限公司、磐合家族办公室对我们中欧财富管理研究中心的鼎力支持，同时我也要感谢一同参与研究撰写本书的中欧财富管理研究中心的几位同事（刘心洁、尹文强、龚铭、刘亚蕾），感谢你们对本书的辛勤付出与努力。下面，请阅读本书的正文部分。不当之处，请大家斧正。欢迎大家关注下方我们的中心微信公众号。

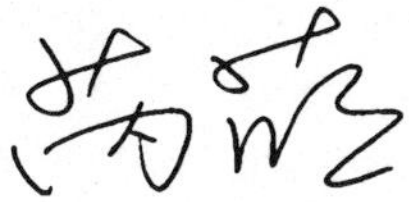

2019年6月28日

目录

Contents

第1章

健康的财富观

首先，感谢大家选择《财富管理：从改变认知开始》这本书。在开篇，我们之所以想要探讨树立健康的财富观，是因为一个健康、理性、可持续的理财观念对管理个人和家庭资产起到奠基性的作用。

中国理财市场突破32万亿元人民币

受市场上“人不理财，财不理你”的金融理财观念的影响，我国在近15年里掀起了投资理财热风。在过去的5年，我国理财市场规模稳中有升，截至2018年末，我国银行保本和非保本理财产品余额合计约为32万亿元，同比增加2.5万亿元，增长8.5%（见图1-1）[1]。

虽然金融理财市场体量屡破新高，但是一些关于金融理财消费者的问题也随之而来。2018年，中国人民银行在《消费者金融素养调查分析报告》中对全国18 600个样本分析后指出，

[1] 证券时报网：《银保监会：去年末银行保本和非保本理财产品余额合计32万亿，增长8.5%》，2019年2月28日，新浪财经网，http://finance.sina.com.cn/roll/2019-02-28/doc-ihrfqzkc0047373.shtml，最后浏览日期2019年6月29日。

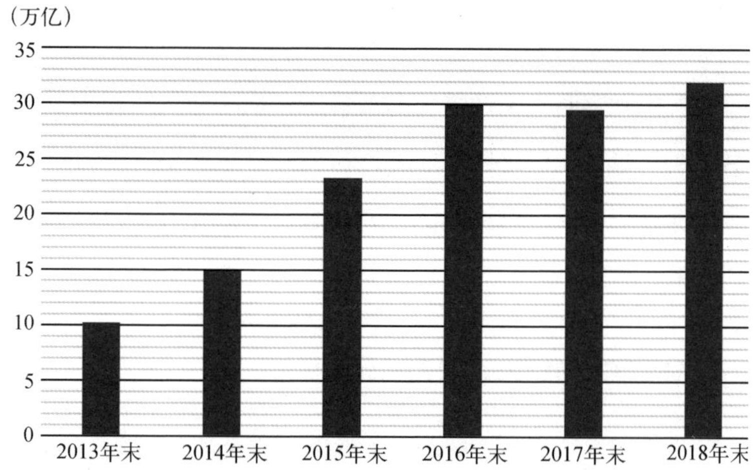

图 1-1　2013—2018 年我国银行理财市场余额数据❶

有近65%的国人理财知识素养水平不够（见图1-2）❷。

抽样调查数据分布总体呈现出负偏向状态，平均分数位于60 ～ 70分之间，从70分往上，人数逐步递减。这也反映出目前我国大多数金融消费者的理财素养有待提升。在这种弱专业知识储备的情况下来进行财富管理，就好比“蒙着眼睛走夜路”；与拿着财富去赌博无异，幸运儿也许能资产翻倍，但是这

❶ 图1-1资料来源：新浪财经：《银保监会：去年末银行保本和非保本理财产品余额合计32万亿增长8.5%》，2019年2月28日，新浪网，http://finance.sina.com。cn/roll/2019-02-28/doc-ihsxncvf8680797.shtml，最后浏览日期2019年6月29日。

❷ 央行：《消费者金融素养调查分析报告2017》，2017年7月14日，新浪网，http://finance.sina.com.cn/roll/2017-07-14/doc-ifyiakwa4070079.shtml，最后浏览日期2019年6月29日。

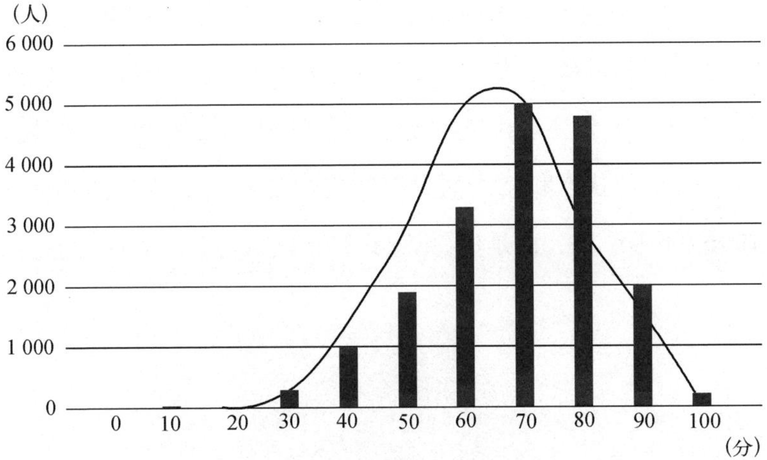

图 1–2 全国消费者金融素养得分分布[1]

种方式本质上不具有稳定性和持续性；本金损失、“一夜回到解放前”的非幸运儿大有人在。

为什么要持有一个健康的财富观

在财富管理过程中如何能减少因为理财人本身认知不足而导致的财富不确定性呢？首先，理财人必须要有一个良好的财富观。如果把健康的财富观比作是数字“1”，数字“0”比作是

❶ 图 1–2 资料来源：李国辉：《消费者金融素养调查分析报告 2017》，2017 年 7 月 14 日，新浪网，http://finance.sina.com.cn/roll/2017-07-14/doc-ifyiakwa4070079.shtml，最后浏览日期 2019 年 6 月 29 日。

“1”后面通过投资理财积攒起来的金融资产，只有健康的财富观打好底层基础、屹立不倒，在其他像百位、千位、万位的数字“0”才会显现出它的价值，否则财富根基“1”不稳定，未来财富的状态和常青质量终究也会是岌岌可危。也就是说100−1不等于99，而是0（见图1−3）。

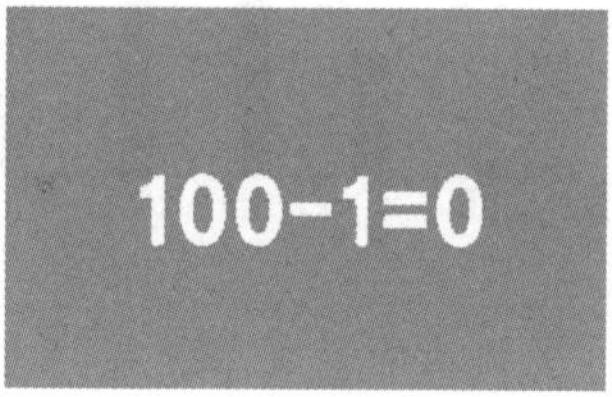

图1−3　100−1=0

财富管理是一门跨学科的学问，通过利用财富管理工具和手段将财富进行合理规划，最终实现一个人或者一个家庭在生命周期不同年龄段原本不平滑现金流的平滑过渡以及资产的保值增值目标。自1978年改革开放以来，中国经济的持续攀升使得居民家庭财富得到了快速积累。根据瑞士信贷最新发布的《2018全球财富报告》，中国家庭财富总规模已超过50万亿美元，位居全球第二[1]。伴随着个人财富的爆炸式增长，财富管

[1] 瑞信：《2018全球财富报告》，2018年10月，原创力文档，https://max.book118.com/html/2018/1102/8111057056001131.shtm，最后浏览日期2019年6月29日。

理已成为全社会最热门的话题之一。相较欧美国家传承了几百年的家族财富来说，中华人民共和国成立不过70年，财富也是“新财富”，再加上中国近些年来社会的快速变化，所以对于第一代的财富拥有者来说，有效、及时地对财富进行管理、运作，对财富观进行合理调整，是目前全社会面临的挑战。

形成一个良好的财富观不仅对自己有益，对家庭有益，更对未来家族传承有益。谈到财富管理，大家脑海中的第一反应可能是投资，也可能是赚钱，但是这样的理解都是片面的。财富管理是打理一个人生命周期内所创造的财富，合理平衡现金流和控制风险。

健康财富观的六点要素

什么样的财富观才算作是健康的财富观？财富观，说得直截了当一些，就是“你应该抱着怎样的一种态度来对待财富”。相信绝大多数人选择投资理财的主要原因是实现财富上的自由，但是一些把钱看得过重的人往往会在钱的问题上越陷越深，最终成为钱的奴隶。有人曾先后提到过商品的拜物教和货币的拜物教，并指出：在社会现象和社会关系方面，也存在着将这些现象和关系神化的情况，商品关系正是这样的一种社会关系，劳动产品本来是人创造出来的，但它一旦成为商品，人们在商品交换中相互交换活动的社会关系，就被物的运动关系掩盖了[1]。其实财富在某个层面上看，也可以看作是一种劳动产品，但是这种特殊的劳动产品本质上由人创造，受人支配。

巴菲特曾说过：一生能够积累多少财富，不取决于能赚多少钱，而取决于你如何投资理财，钱找人胜过人找钱，要懂得钱为你工作，而不是你为钱工作；钱不是万能的，但没有钱是万万不能的。所以健康财富观的第一点是：财富是用来创造幸福的，我们可以为了财富辛勤努力奋斗，实现人生价值；但是如果本末倒置，人成了钱的奴隶，钱赚得越多，幸福感反而越来越匮乏，这样消极的财富观，我们不提倡。

第二点，财富的形式有两种，一种是物质财富，另一种是精神财富。尽管精神财富被列为十大财富之首，但是对于这两者的关系，我们认为没有物质作基础的精神财富是一种空谈理想，有了物质财富基础却没有良好的精神财富也经不起更多财富的考验。当社会还没有产生精神财富概念的时候，人们大多认为，只有物质财富丰富了，才代表真正的富裕。但是在现在看来，这种传统的观点需要作出一些改良。有学者曾研究过物质财富和精神财富之间的关系（见图1–4）："只有当个人或者社

---

[1] 傅满洲：商品拜物教概念，2018年12月17日，百度，http://www.360doc.com/content/18/1217/04/332078_802312836.shtml，最后浏览日期2019年6月29日。

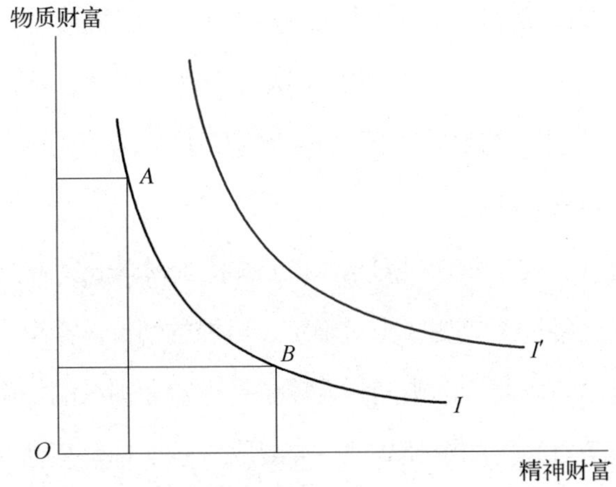

图 1-4　物质财富与精神财富的关系[1]

会的物质财富和精神财富都丰富的时候，社会才真正富裕了，只有当个人或者社会的物质财富和精神财富量的组合跃上了更高的‘等富裕线’（在I'）时，社会的富裕程度才实现了进步；如果仅仅对物质财富追求投入极大的热情，一定程度上道德约束力就会缺失，最终全社会为此付出的代价是经济秩序的混乱和社会环境、生态环境的恶化，与物质财富的增长相对应，人们的安全感、公平感、人与人之间的关爱感都不同程度地呈下降趋势[2]。”物质财富给人带来的边际效用会递减，而精神财富

[1][2] 苏豫，龚立新.精神财富论——精神财富的经济学分析［J］.江西社会科学，2001,（3）：44-47.doi:10.3969/j.issn.1004-518X.2001.03.013.

给人带来的边际效用不会递减。古人云，“道德传家，十代以上，耕读传家次之，诗书传家又次之，富贵传家，不过三代”。所以，一个良性的财富观既要包含物质财富，又要包含精神财富，不可厚此薄彼。

第三点，财富管理是对未来的规划，把未来的不确定性，尽可能地通过各种工具变成相对确定、可控的情况。没有人可以准确地预测出市场明天的走向，就算是受过专业训练的投资人士也不能。源于对金钱的贪婪和“一夜暴富”的非理性想法，有的人会选择把大笔资金押注在一些暂时看起来具有高收益的资产类别上，虽然风险和收益呈正比例的关系，但是往往这种不理性押注式投资到头来亏损概率大于赚钱概率，所以，想要保持资金的良性积累和尽可能地规避市场风险，就要学会把资产分散投资，也就是我们常说的鸡蛋不能总是装在同一个篮子里，这是有学术研究和实证数据依据的，我们在后面的资产配置章节里会细化说明。

第四点，财富管理是马拉松而非短跑冲刺。财富管理伴随着一个人甚至是整个家族的兴衰，所以，财富管理是一个长期的过程，不是说在短时间我们心血来潮想积累一下财富，过一段时间就停止了。对财富管理的时间越长，市场回馈给我们的奖励就越明显。我们要学习以一个全局性的眼光来看待财富管理，而不是以一时的冲动来获取短暂的财富快感。此外，与长期资产管理相比，短期的波动性在心理上也许会给财富管理者造成更多的困扰，就拿投资股票来说，一般我们看到短线的股民比长线的股民更常愁眉苦脸，这是因为短线股民只把关注点放在了那一分钟或者那一秒。和长线看几年相比，短线波动就相对来说显得微不足道了。

第五点，财富管理要特别注意流动性。对于一个公司来说，他们最在意的是流动性，因为资金流动性为王，很多市场上商业模式不错的企业破产都源于资金链的断裂；家庭也是一样，如果把全部的钱都运用到投资当中，在不幸遇到始料未及的重病灾祸时，没有抵抗意外风险的能力，最后只能干着急，这不是一个健康的财富管理策略。

第六点，要有善财的观点。老话说得好，“君子爱财，取之有道”，理财投资赚钱是再正常不过的事情，往小说是脱贫致富，往大说可以推动国民经济。但是如果是非善恶不分，靠违法乱纪、赌博传销、违背道德准则赚钱，那就要不得，因为赚取这种黑心钱的最终结果只有一个，就是人财两空并受到法律的严惩。

以上六点就是健康财富观的六大要素。最后，也希望正在阅读这本书的你能够在投资理财中逐步形成健康、理性的财富观念。希望通过努力，我们最终能够达到让财富创造幸福的大目标。

投资 TIPs：

1. 财富是用来创造幸福的重要金融工具，人不是钱的奴隶。
2. 投资者应避免精神财富与物质财富之间的失衡。
3. 财富管理是一场马拉松而非短跑冲刺。
4. 财富管理的目的是实现未来财富的确定性与可控性。
5. 预防不测，流动性为上策。
6. 君子爱财，取之有道。

第2章

解读资产配置

中国财富的地位与现状

2018年是中国改革开放40周年。回顾过去这短短的几十年，国际社会普遍对“中国速度”感到惊讶，在现实生活中，我们也经常能从西方媒体那里听到赞叹中国前进步伐的声音。但是从体量上来说，全球绝大多数财富仍然掌握在美国、加拿大、欧洲等西方发达经济体手中。

中国宏观财富数据

让我们先来看一下中国整体的经济数据GDP（见图2–1）。2019年1月，根据国家统计局的统计，中国的GDP曲线从实施对外开放政策以来，一直呈平稳上升趋势，几乎每年都在刷新上一年的纪录。截至2018年底，中国GDP首次突破90万亿元大关，比上一年增加了近8万亿元，位居世界第二，仅次于美国，后面是日本、德国和英国；按可比价格计算，比上年增长6.6%，为1990年以来的最低水平，但是完成了6.5%左右的增长预期目标，分季度看，一季度同比增长6.8%，二季度同比增长6.7%，三季度同比增长6.5%，四季度同比增长6.4%。

2019年政府工作报告将GDP增速目标设定在6%～6.5%，宏观政策在稳增长、促改革及防风险之间动态平衡，逐步向“六稳”（稳就业、稳金融、稳外贸、稳外资、稳投资、稳预期）过渡。

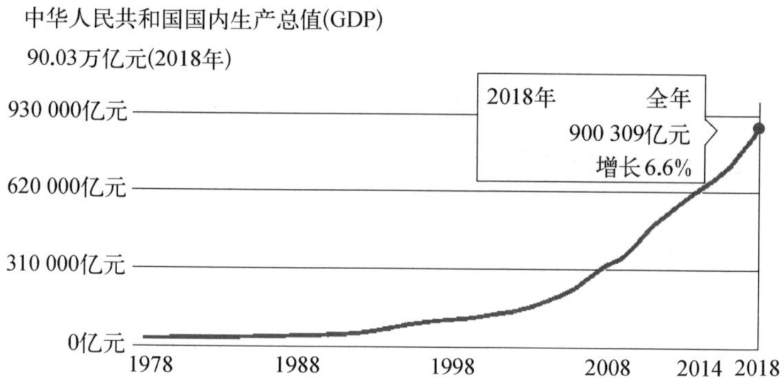

图2-1　2018年中华人民共和国国内生产总值（GDP）[1]

同时，中国经济增长对世界经济增长的贡献率接近30%，远超美国成为世界经济增长贡献者第一名，而美国的贡献率仅为中国的一半，为16.14%。

[1] 图2-1资料来源：中华人民共和国统计局，http://www.stats.gov.cn/，最后浏览日期2019年6月29日。

中国微观财富数据

宏观经济的良性增长总体上有助于个人、家庭财富的积累。根据央行发布的《中国金融稳定报告2018》，我国住户存款余额72.44万亿元，比上一年度增加了约7.24万亿元，同比增速10.2%；债务余额47.86万亿元，其中贷款增加7.36万亿元，如果简单用存款减去贷款，中国住户的净存款为24.58万亿元（见表2–1）。

表2–1 2016—2018年我国住户存款余额数据[1]

年 份	住户存款余额/万亿元	人均存款/万元	增 速
2018	72.44	5.17	10.20%
2017	65.2	4.69	6.80%
2016	60.65	4.39	—

2018年，全国人均可支配收入实际增长6.5%，快于人均GDP 6.1%的增速，价格涨幅低于预期，居民消费价格温和上涨。2018年，CPI比上年上涨2.1%，低于3%左右的预期涨幅。据国家统计局测算，我国中等收入群体人口已经超过4亿人。

[1] 表2–1资料来源：中国人民银行：《中国金融稳定报告2018》，2018年11月3日，中国政府网，http://www.gov.cn/xinwen/2018-11/03/content_5337137.htm，最后浏览日期2019年6月29日。

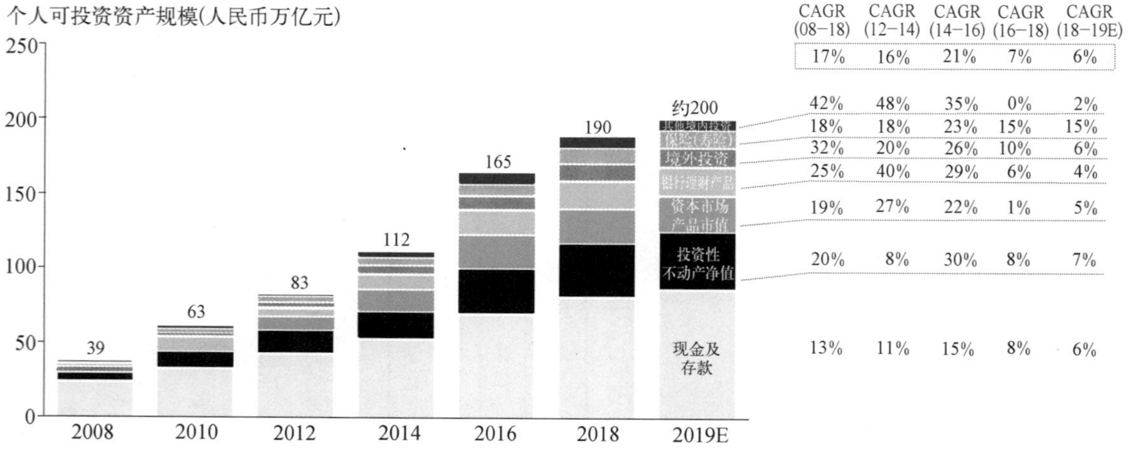

图2-2　2008—2019年中国个人持有的可投资资产总体规模

2018年全国居民恩格尔系数28.4%，比2017年下降0.9个百分点（发达国家为30%以下）。

招商银行与贝恩公司在2019年6月5日发布的《2019中国私人财富报告》中显示，2018年，中国个人可投资资产总规模达190万亿元人民币，2016—2018年年均复合增长率为7%，预计到2019年底，可投资资产总规模将首次突破200万亿元大关（见图2-2）[1]。

在地域分布上，2018年中国高净值人群数量超过5万人的省市共11个，分别是广东、上海、北京、江苏、浙江、山东、四川、湖北、福建、天津和辽宁，其中有6省市（广东、上海、北京、江苏、浙江、山东）的高净值人群超过10万人；全国有23个省市高净值人群数量超过2万人，迈入广东、上海、北京、江苏、浙江5省市所处的第一梯队。

在强调“房住不炒”政策取向的背景下，政府持续深化房地产政策调控力度，投资性不动产年均复合增长率下降至8%；随着“资管新规”的出台，银行理财产品及其他境内投资中基金专户、券商资管、信托等受“去通道、去刚兑”的影响，增速较前两年均有明显放缓。

---

[1] 招商银行&贝恩公司：《2019中国私人财富报告》，2019年6月6日，199IT网，http://www.199it.com/archives/887671.html，最后浏览日期2019年6月29日。

根据瑞信最新发布的《2018全球财富报告》，全球各个地区的财富总量记录都有不同程度的刷新，中国是最主要的受益国之一；美国仍然保持世界第一的地位；中国正在世界财富金字塔上维持第二的座位；与日本相比，中国在高净值人数、财富总量以及百万富翁的人数方面已经超过日本，但是从人均财富角度来看，中国（2018年中数据47 810美元）还远低于日本的水平（227 240美元）[1]。

在家庭财富方面，数据显示，2018年全球家庭财富总量累计增加了14万亿美元，达到317万亿美元，增幅为4.6%；全球人均财富增长3.2%，达到63 100美元，创历史新高。按地区来看，北美家庭财富总量最多，达到106.513万亿美元，约占全球财富总量的34%；欧洲家庭财富总量排名第二，达到85.402万亿美元，约占全球财富总量的27%，继亚太地区后，第四位则为中国，家庭财富总量达到51.874万亿美元，增幅为4.6%；由于我国人口基数大，平均财富要低于亚太地区均值，同时与欧美发达国家有着不小的差距（见表2–2）[2]。

---

[1][2] 瑞信：《2018全球财富报告》，2018年10月，原创力文档，https://max.book118.com/html/2018/1102/8111057056001131.shtm，最后浏览日期2019年6月29日。

表2-2 2017—2018年家庭财富总量变化图表（地区）[1]

	财富总量	财富总量变化		人均财富	人均财富变化	金融资产变化		非金融资产变化		债务变化	
	2018	2017—2018	2017—2018	2018	2017—2018	2017—2018	2017—2018	2017—2018	2017—2018	2017—2018	2017—2018
单位	十亿美元	十亿美元	%	十亿美元	%	十亿美元	%	十亿美元	%	十亿美元	%
非洲	2 553	108	4.4	4 138	1.5	37	2.8	68	4.8	−4	−1.3
亚太地区	56 715	929	1.7	48 119	0.0	675	2.1	833	2.6	578	6.6
中国	51 874	2 266	4.6	47 810	4.0	422	2.0	2 786	8.5	942	22.7
欧洲	85 402	4 432	5.5	144 903	5.4	1 167	2.7	4 047	7.9	782	5.9
印度	5 972	151	2.6	7 024	0.7	−16	−2.5	251	4.3	84	13.3
拉丁美洲	8 055	−415	−4.9	18 605	−6.5	−215	−6.1	−127	−2.0	72	5.1
北美	106 513	6 486	6.5	391 690	5.5	4 960	6.0	2 203	6.5	677	4.2
世界	317 084	13 958	4.6	63 100	3.2	7 030	3.8	10 061	6.2	3 133	7.1

❶ 瑞信：《2018全球财富报告》，2018年10月，原创力文档，https://max.book118.com/html/2018/1102/8111057056001131.shtm，最后浏览日期2019年6月29日。

金融资产在金融危机的时候影响较大，但是通常在早期的后危机期间恢复回升得也更好。这类资产也为家庭财富作出了贡献，增长动力的41%来自它，但这其中有三分之二是来自北美地区：北美地区的家庭财富中新增加了6.5万亿美元；欧洲家庭财富贡献了4.4万亿美元，中国家庭贡献了2.3万亿美元；非金融类资产在最近几年增长得更快，在过去的12个月里，除了北美地区，这类资产对中国和欧洲地区的家庭贡献了超过75%的财富，在印度，它贡献了100%的财富[1]。在债务方面，除了非洲地区的家庭以外，全球所有地区的家庭都有不同程度的增长，其中中国家庭负债增长额为22.7%，为全球最高，其次是印度，为13.3%。

研报显示，中国个人家庭财富主要由金融资产、实体资产、债务和净值构成（见图2–3）。与前一年相比，家庭财富在非金融类资产的投资占比由61%增加到62%，人均实体资产数额为32 640美元，人均债务仅有4 690美元，占比9%，低于国际家庭财富债务率标准。

[1] 瑞信：《2018全球财富报告》，2018年10月，原创力文档，https://max.book118.com/html/2018/1102/8111057056001131.shtm，最后浏览日期2019年6月29日。

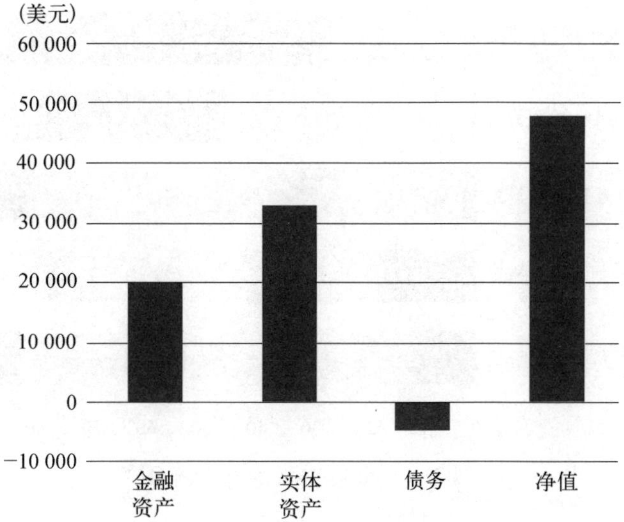

图2-3 中国人均财富的构成[1]

图2-4是全球主要地区财富阶层分布图，以财富量为标准展示了各国家/地区所处的地位。

总体来看，欧美发达国家比我国更加富裕。在大于100万美元这个区间，我们可以清楚地看到北美和欧洲总占比在70%左右。财富数额越低，发达国家占比越少，发展中国家占比

[1] 图2-3资料来源：瑞信：《2018全球财富报告》，2018年10月，原创力文档，https://max.book118.com/html/2018/1102/8111057056001131.shtm，最后浏览日期2019年6月29日。

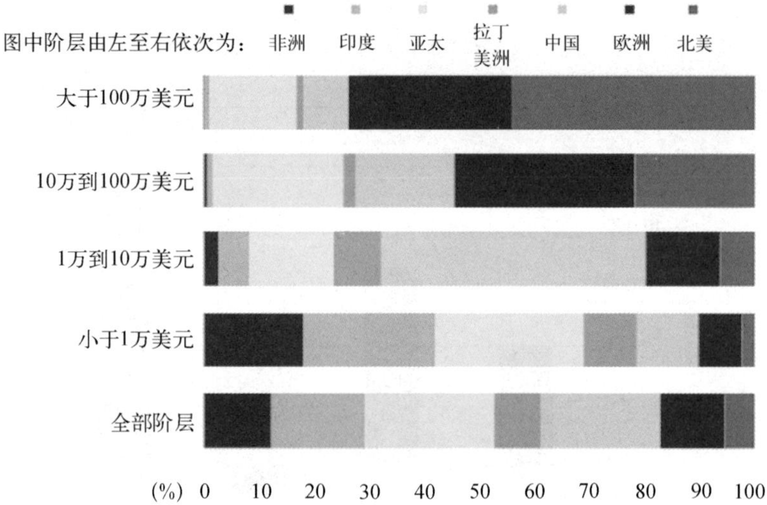

图 2–4 全球财富阶层分布图[1]

越大。其中在1万到10万美元这个区间（平均财富水平约在33 100美元），中国占比为48%。因此，根据财富分布，我们可以看到，中国的财富目前处于发展中国家之首、发达国家靠后的位置。

在高净值财富方面，从2000年到2018年间，中国百万富翁的数量一枝独秀、稳定攀升（见图2–5）。

---

[1] 图2–4资料来源：瑞信：《2018全球财富报告》，2018年10月，原创力文档，https://max.book118.com/html/2018/1102/8111057056001131.shtm，最后浏览日期2019年6月29日。

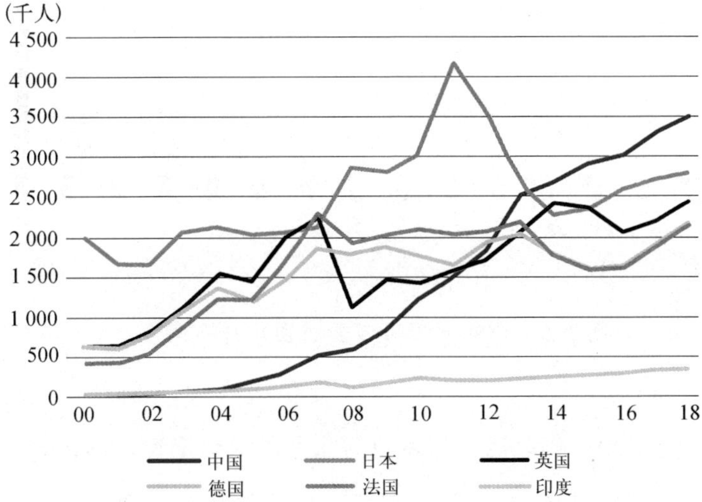

图2-5 2000—2018年百万富翁数量变化图❶

在2000年左右，我国百万富翁的数量远远落后于西方发达国家，和印度的数量相当。但是近20年，我国积累财富的速度不仅超过了还在“原地踏步”的印度，而且在2010年左右赶上了主要发达国家，还在2018年赶超了大多数欧美国家。

目前来看，美国百万富翁的数量仍然居全球首位（见图2-6），有大约1 730万人，占比41%。在过去很长一段时间里，日本的百万富翁数量一直居世界第二，是排位第三国家的

❶ 图2-5资料来源：瑞信：《2018全球财富报告》。

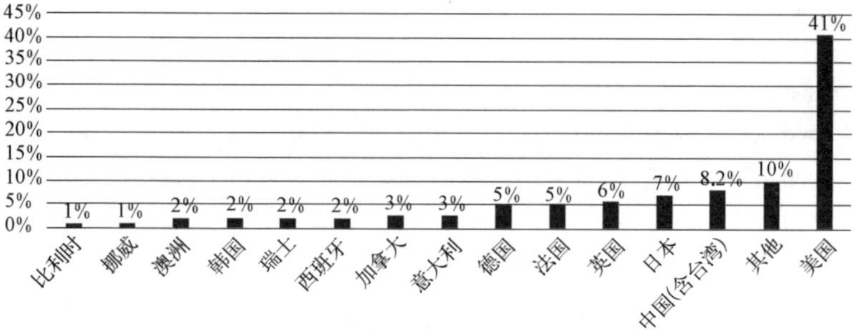

图2-6　全球各国百万富翁占比分布图❶

2倍，但在2011年以后，日本百万富翁的数量增速放缓，并在2014年被中国超过，目前中国百万富翁的数量约为350万人，占世界总量的8.2%❷。

以净资产超过5 000万美元为标准，瑞信计算估计全球有大约149 890位超高净值人士（见图2-7）。其中有50 230位身家至少在1亿美元，4 390位净资产超过5 000万美元。在过去的一年里，全球超高净值人士数量增加了4%，北美增量超过了全球市场数据，中国增加640人，亚太增加140人，印度增加31人❸。

❶❷❸ 瑞信：《2018全球财富报告》，2018年10月，原创力文档，https://max.book118.com/html/2018/1102/8111057056001131.shtm，最后浏览日期2019年6月29日。

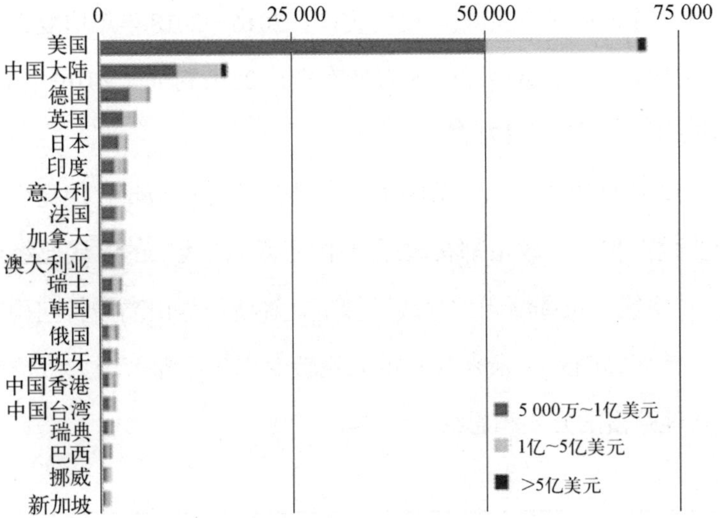

图2-7 2018全球超高净值人群分布图[1]

美国的超高净值人群数量仍居世界首位，中国大陆紧随其后，约有16 510位，但是数量远低于美国[2]。根据贝恩招行报告，2018年，中国高净值人群数量达到197万人，人均持有可投资资产约3 080万元，共持有可投资资产61万亿元；预计到2019年底，高净值人群持有的可投资资产规模将达约70万亿元；中国的超高净值人群规模约17万人，可投资资产5 000万元以上的人群规模约32万人；从财富规模来看，2018年，中国高净值

[1][2] 瑞信：《2018全球财富报告》，2018年10月，原创力文档，https://max.book118.com/html/2018/1102/8111057056001131.shtm，最后浏览日期2019年6月29日。

人群共持有61万亿元的可投资资产，2016—2018年年均复合增速为12%；其中超高净值人群持有资产25万亿元，2016—2018年年均复合增速为17%[1]。

过去的20年可以说是中国财富增长最快的20年，但是许多行业数据和国家政策都在暗示，中国赚“快钱”的时代已经过去，“快钱”正逐渐向“慢钱”转变，经济形势由高增长向稳定增长转变，因此在未来我们也应当转变思想，随市场大行情调整管理财富的方式和思维。

投资TIPs：

1. 中国经济目前处于结构型拐点，增长步速放缓，宏观政策趋向于维稳增长。
2. 中国2018年GDP经济数据创新高，突破90亿元人民币大关。
3. 中国2018年住户存款余额超过72万亿元，人均可支配收入增幅超过人均GDP增速。

[1] 招商银行&贝恩公司：《2019中国私人财富报告》，2019年6月6日，199IT网，http://www.199it.com/archives/887671.html，最后浏览日期2019年6月29日。

4. 中国家庭财富总量居全球第三，仅次于美国和欧洲。
5. 中国在全球财富阶层分布中位于发展中国家之首。

财富管理的七大风险，投资前要先学会软着陆

依照辩证法理论，即矛盾的对立统一性，世上没有任何东西是十全十美的，有好的一面就必然有相对立不好的一面。投资理财也是如此，在享受投资带来收益的同时，也必须要承担连带的风险，正所谓“欲戴其冠，必承其重”。对于每个人和家庭来说，理财收益的高低并不是判断理财产品好坏的唯一标准，更重要的原则是：在相等代价（风险）面前，什么样的投资或投资哪一类资产能产生更高的投资收益率。在投资理财和管理财富的过程中，我们一定会面临市场系统性风险和个别特殊风险，所以，在决定投资理财之前，我们要先学会软着陆，最大限度预防风险对财富产生的负面影响。

国内的理财发展史从最初的银行储蓄开始，经历了银行时代、证券和房产时代、“宝宝类”理财时代、P2P时代，直到今

天的海外理财和全球资产配置时代。随着人们接触的理财产品和理财渠道的增多，有人激进，倾向购买短期、高风险高收益的理财产品；有人稳健，倾向于低风险的长期理财规划。很多人在进行理财规划时，盲目追求高收益，忽视了收益背后的风险。而在成熟的投资者看来，财富管理的核心是风险控制，即对一系列不确定性的应对和管理。

财富管理的七大风险

在做实际理财规划时，投资者需要考虑的风险有哪些呢?总结起来有以下七个方面。

第一个风险是政治/政策风险。这种风险几乎无法规避，而且也没有先兆。例如，2018年4月中国人民银行、中国银行保险监督管理委员会、中国证券监督管理委员会、国家外汇管理局发布的《关于规范金融机构资产管理业务的指导意见》(业界俗称资产新规)规定:“资产管理业务是金融机构的表外业务，金融机构开展资产管理业务时不得承诺保本保收益。出现兑付困难时，金融机构不得以任何形式垫资兑付”;“金融机构应当加强投资者教育，不断提高投资者的金融知识水平和风险意识，向投资者传递‘卖者尽责、买者自负’的理念，打破刚性兑付”;“经金融管理部门认定，存在以下行为的视为刚性兑付:(一)资产管理产品的发行人或者管理人违反真实公允确定净值原则，对产品进行保本保收益；（二）采取滚动发行等方式，使得资产管理产品的本金、收益、风险在不同投资者之间发生转移，实现产品保本保收益；（三）资产管理产品不能如期兑付或者兑付困难时，发行或者管理该产品的金融机构自行筹集资金偿付或者委托其他机构代为偿付”；“经认定存在刚性兑付行为的，区分以下两类机构进行惩处：（一）存款类金融机构发生刚性兑付的，认定为利用具有存款本质特征的资产管理产品进行监管套利，由国务院银行保险监督管理机构和中国人民银行按照存款业务予以规范，足额补缴存款准备金和存款保险保费，并予以行政处罚；（二）非存款类持牌金融机构发生刚性兑付的，认定为违规经营，由金融监督管理部门和中国人民银行依法纠正并予以处罚”[1]。

自从新规一出，直接受影响的是在银行理财的投资者。图2-8给出了从2018年5月—2019年5月银行理财预期收益率走势图，从图上可以看出，银行理财的收益率总体走势在下降，因此，在资产新规生效的这段时间里，我们就要面临资产增值速

[1] 央行：《关于规范金融机构资产管理业务的指导意见》，2018年4月27日，新浪财经，http://finance.sina.com.cn/money/bank/bank_hydt/2018-04-27/doc-ifztkpip3713408.shtml，最后浏览日期2019年6月29日。

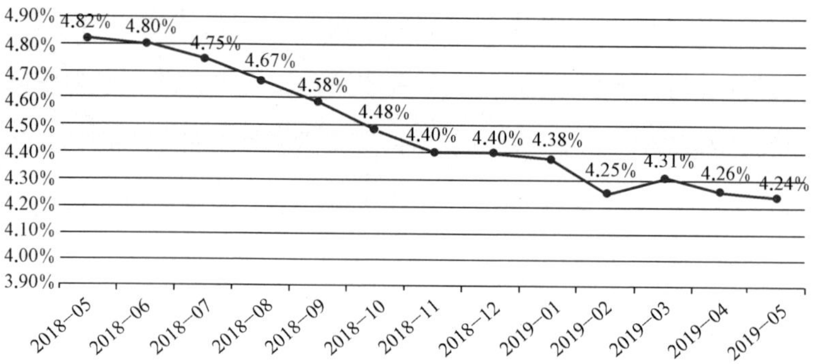

图2-8　2018年5月—2019年5月银行理财预期收益率走势[1]

度减缓的情况。

第二个风险是信用违约风险。2018年年中，我国P2P行业集中“爆雷”，给广大金融消费者上了一堂深刻的金融课。根据iiMedia Research的统计（见图2-9），2018年1月至7月末，中国P2P问题网贷平台数量多于850个，较集中分布在东部沿海一带，涉案规模超过8 000亿元人民币，涉及人数超过1 500万人。如此多的金融消费者被波及的一个重要原因是因为这些问题平台当时承诺的收益率非常高，有的年利率超20%。

[1] 图2-8资料来源：融360：《银行理财平均预期收益率连降15个月跌至4.24%》，2019年6月12日，新浪网，http://finance.sina.com.cn/stock/relnews/us/2019-06-12/doc-ihvhiews8258858.shtml，最后浏览日期2019年6月29日。

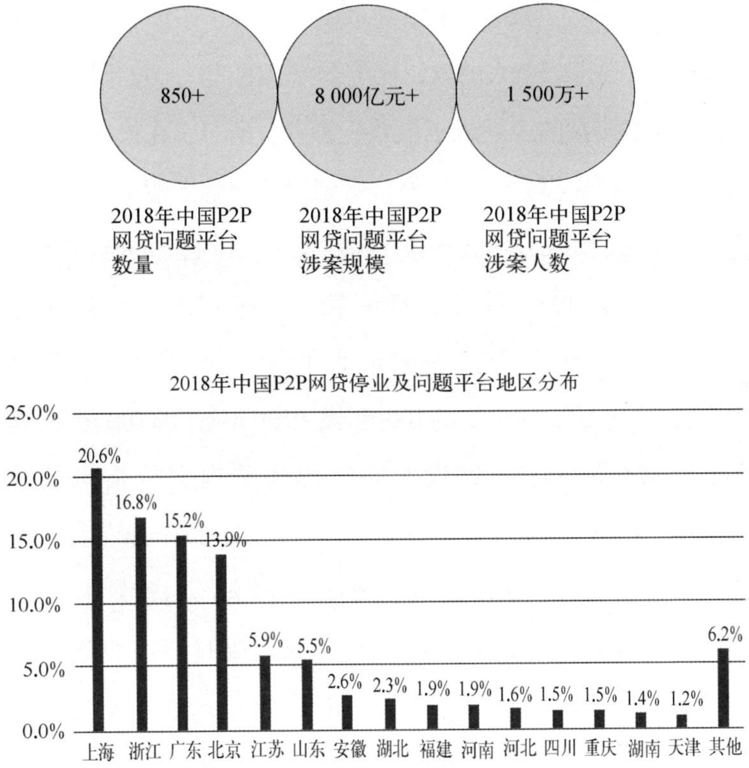

图2–9　2018年中国P2P网贷“爆雷”情况[1]

注：统计截至2018年7月24日。

---

❶ 图2–9资料来源：艾媒咨询：《2018中国P2P网贷行业“爆雷”热点监测报告》，2018年7月26日，艾媒咨询网，http://www.iimedia.cn/61966.html，最后浏览日期2019年6月29日。

但是大多数“爆雷”P2P的本质是“拆了东墙补西墙”的庞氏骗局，用下一个人的款，还上一个人的债，一旦市场饱和，找不到下家接盘的人就成了最终受害者。所以，在投资理财的时候，要选择规模大、信用好、有理财牌照的金融机构，比如银行，即使理财收益率低一些，但是发生兑付危机的概率较小。

第三个风险是通货膨胀风险，即我们的货币购买力风险。目前，国民财富保值最大的焦虑来源就是通货膨胀。远的不说，今天的100元钱和20年前的100元钱购买力是相当不同的，20世纪90年代的猪肉的价格也就在3～5元一千克，而今天的猪肉价格维持在20元钱左右一千克，涨了近4倍。Trading Economics官网的通货膨胀数据显示，近10年来，中国市场通货膨胀在2011年左右达到峰值后逐步下降，从趋势线上可以看出年平均通胀率维持在2%～3%之间（见图2-10）。也就是说，如果投资理财的年回报率低于这个数字，则财富的实际购买力有可能会发生损耗。

第四个风险是资产配置失衡产生的风险。《2018中国城市家庭财富健康报告》中称中国家庭户均资产规模162万元，但财富管理蕴藏风险，城市家庭财富管理整体处于“亚健康状态”；一方面房产占比过多挤占了家庭的流动性；另一方面家

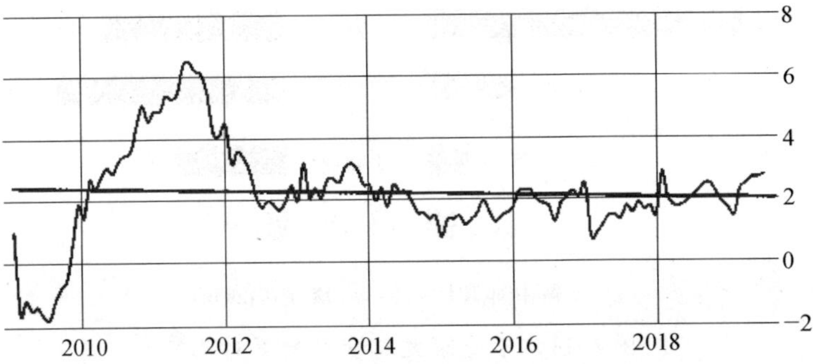

图2-10 2009—2019年中国通货膨胀数据❶

庭存在低收益资产上配置过多、高风险资产上投入太极端、投资不够多样化等特点。调研数据显示，在中国家庭资产配置中，房产比例高达77.7%，是美国的2倍多，但是金融资产仅为11.8%，不及美国的三分之一（见图2-11）❷。

这种配置不均衡的比例就像一个“定时炸弹”，如果中国楼市在未来的某天发生系统性的风险，则配置失衡的中国普通家庭的资产就会首当其冲受到影响。

第五个风险是再投资风险（主要体现为利率风险）。说得

❶ 图2-10资料来源：Trading Economics：《中国通货膨胀率》，Trading Economics网，https://zh.tradingeconomics.com/china/inflation-cpi，最后浏览日期2019年6月29日。

❷ 新浪财经：《2018中国城市家庭财富健康报告》，2019年1月17日，新浪财经网，http://finance.sina.com.cn/money/bank/bank_hydt/2019-01-17/doc-ihqhqcis7071583.shtml?cref=cj，最后浏览日期2019年6月29日。

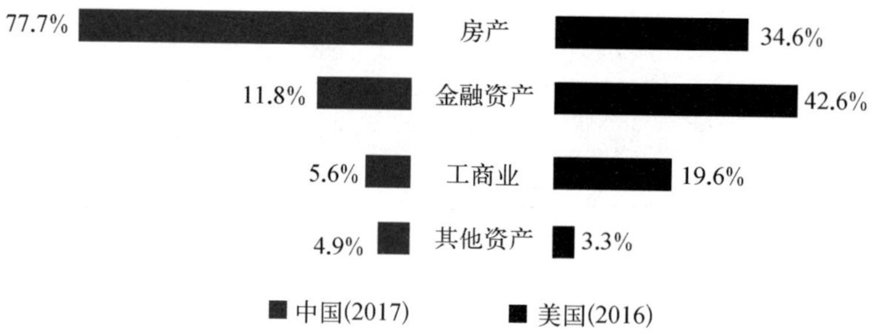

图2-11　中美家庭总资产配置对比[1]

通俗一点，就是一份投资理财产品到期后投资者在市场上很难再寻获与之相当的收益率，如果新产品的收益率更低，则财富就有缩水的风险。前面谈及的资产新规就是一个很好的例子。放到债券市场，当利率下降时，债券价格上升，但再投资收益率就会降低，风险加大。

以P2P行业为例，它的行业收益率在不同程度地下降（见表2-3）。2013年P2P行业的平均收益率为22.75%，这个收益水平已经非常高了，到2018年5月收益水平已经降到了10%以下，5年跌幅高达57.45%。

[1] 图2-11资料来源：新浪财经：《2018中国城市家庭财富健康报告》，2019年1月17日，新浪财经网，http://finance.sina.com.cn/money/bank/bank_hydt/2019-01-17/doc-ihqhqcis7071583.shtml?cref=cj，最后浏览日期2019年6月29日。

表2-3 中国近5年P2P行业平均收益率下降情况[1]

时　　间	行业平均收益率
2013	22.75%
2014	18.50%
2015	13.80%
2016	10.62%
2017	9.71%
2018-05	9.68%

在投资一些金融资产时，一些发行债券的公司或政府机构会在合同上写明发行商有权在到期日前赎回股票。这种情况通常会发生在市场利率下降的时候（这样一来，借方可以以一个较低的金融成本获得资金）；但是这对投资人来说是一个风险，因为投资人必须在低利息时再投资。

第六个风险是不可赎回（流动性）风险。投资理财的个人或家庭必须要留意所投资资产的属性，如投资金额、投资时长、收益能力、变现能力等因素。就拿投资房产来说，房地产的属性要求它具有金额大、投资时间长、变现能力相对较弱的特点。因此，如果一个家庭把全部身家押在房产上，那么长期抵御流

❶ 表2-3资料来源：小赢理财：《P2P收益率连续两年低于10%，还值得投资吗？》，2018年6月11日，小赢理财网，https://www.xiaoying.com/article?id=11964，最后浏览日期2019年6月29日。

动性风险的能力就会减弱。

另外，一些银行理财产品或国债不能提前赎回，或者说提前赎回会损害资产的价值。图2-12是我国财政部颁布的储蓄国债部分条款信息，显示如果提前兑取，收益会受到不同程度的损害。因此，在投资过程中，如果面临不可赎回或者投资时间长的资产，应当做好长期现金流的预判。

> 三、提前兑取
>
> 两期国债发行期内不得提前兑取，发行期结束后可提前兑取。提前兑取业务只能通过承销团成员营业网点柜台办理。投资者提前兑取两期国债时，承销团成员按照从上一付息日（含）至提前兑取日（不含）的实际天数和以下执行利率向投资者计付利息，即：从2018年10月10日开始计算，持有两期国债不满6个月提前兑取不计付利息，满6个月不满24个月按票面利率计息并扣除180天利息，满24个月不满36个月按票面利率计息并扣除90天利息；持有第十期满 36个月不满60个月按票面利率计息并扣除60天利息。承销团成员为投资者办理提前兑取，可按照提前兑取本金的1‰向投资者收取手续费。

图2-12　2018年第九期和第十期国债部分条款[1]

最后一个风险是诈骗风险，这种风险要求投资者必须具备独立思考和辨别真伪的能力，这种能力在现在金融科技的

[1] 图2-12资料来源：中华人民共和国财政部：《中国人民银行关于2018年第九期和第十期储蓄国债（电子式）发行工作有关事宜的通知》。

引领下已经对财富管理者提出了更高的要求。2019年5月发布的《2018智能反欺诈洞察报告》显示，以移动网络为“温床”的金融诈骗，呈现受骗报案量占比高、受骗金额高、受害者低龄化的“两高一低”趋势。在网络贷款欺诈中，团伙欺诈的危害程度明显高于恶意欠贷、多头借贷、伪冒欺诈等个人欺诈行为，呈现“智能化、产业化、攻击迅速隐蔽、内外勾结比例上升、移动端高发”五大特征，给金融机构风控带来了严峻挑战；2018年，360手机卫士手机先赔接到的诈骗举报投诉案件中，金融诈骗损失金额占比高达35%，报案量在全部诈骗类型中占比14.9%；金融电信诈骗受害者中，90后占比37.6%；在网络普及呈现低龄化、中青年群体金融需求的日渐提升等趋势影响下，80、90一代正成为手机诈骗的重点目标；其中男性受害者居多，占76.3%，女性占23.7%；人均损失额度男性受害者为12 032元，女性受害者为10 547元（见图2-13）[1]。

除此以外，市场上形式各样的庞氏骗局也层出不穷，因此，投资者在选择金融机构时要做好尽职调查工作，理性看待

---

[1] 360金融研究院：《360金融智能反欺诈洞察报告：金融理财类诈骗金额占比高达35%》，搜狐网，http://www.sohu.com/a/272823789_563827，最后浏览日期2019年6月29日。

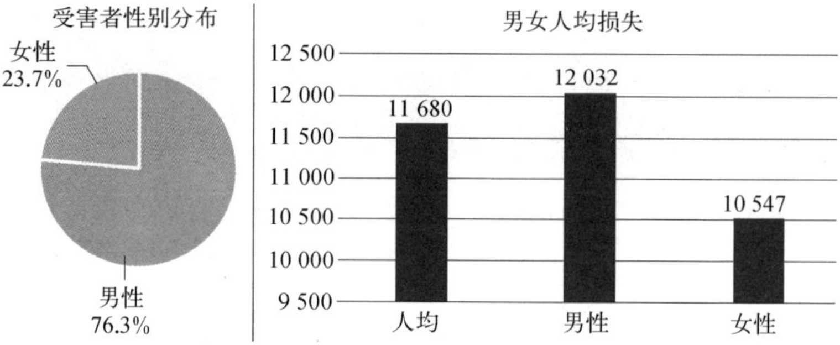

图 2-13　2018年金融理财类诈骗受害者性别及人均损失[1]

广告的数据，可以先在有关部门进行查询，实地询问（包括是否有银监会备案、理财编号、真实投向），然后再决定是否投资。

以上七大风险是我们大多数个人和家庭投资者主要能够接触到的风险，除了这七大风险以外，还有来自投资本身的风险，比如国别风险、预先支付风险、政治风险、公司经营风险、极端黑天鹅事件的风险，这些风险在作投资决策时都应当考虑到。希望大家能够牢记这些风险，在具体实践投资起步之前，要先学会软着陆。

---

[1] 图 2-13资料来源：360金融研究院：《360金融智能反欺诈洞察报告：金融理财类诈骗金额占比高达35%》，搜狐网，http://www.sohu.com/a/272823789_563827，最后浏览日期2019年6月29日。

投资TIPs：

1. 财富管理的核心是风险控制。
2. 投资风险无处不在，投资者要做好风险预判，做最坏的打算，留出缓冲空间。
3. 中国家庭资产配置比例趋向失衡，悬崖勒马，为时不晚。
4. 收益率是本金的附加收益，切勿因小失大，丢了西瓜捡芝麻。

资产配置的艺术

1952年，诺贝尔奖获得者、现代资产组合理论（Modern Portfolio Theory，MPT）之父，美国经济学家马科维茨在《金融杂志》上发表了《资产组合选择——投资的有效分散化》一文，首次提到了“资产配置”的概念，其理论被誉为“华尔街的第一次革命”，第一次精确地给出了风险与收益的定义，投资者必须平衡风险与收益进行“资产配置”，以达到最优的投资组合。资深投资理财的人一定会非常熟悉资产配置这个词，因为在投资理财中，我们经常会被财富顾问告诫资产配置的重要性。据胡润财富报告预计，到2020年，中国可投资资产大于600万元人民币的家庭将达到346万户，可投资金融类资产将占据中国整体个人财富的半壁江山。资产配置这一课题是财富管理的核心重点，所有投资理财的人都应当充分理解资产配置的内在价值、逻辑和艺术性。

资产配置是什么

威廉·夏普（W. Sharpe，Capital Asset Pricing Mode，资产定价模型的奠基人、诺贝尔经济学奖获得者）对资产配置进行了概念定义：资产配置是一种在许多“主流”大类资产中将投资者资产进行分配的方式（1992）[1]。运用到实际的金融市场中来，资产配置就是以资产类别的历史表现与投资者的风险偏好为基础，决定不同资产类别在投资组合中所占比重，努力消除或规避投资者对收益所承担的不必要的额外风险，通常情况下是将资产在低风险低收益产品和高风险高收益产品间进行合理分配。

资产配置适合什么样的人

（1）有多元化投资需求的个人：资产配置本身就是在多类

---

[1] William F.Sharpe. Asset Allocation Management Style and Performance Measurement［J］. The Journal of Portfolio Management, 1992, 18(2): 7–19, DOI:https://doi.org/10.3905/jmp.1992.409394.

金融和非金融资产之间进行分散投资的过程，同时，多元化投资也是避免单一类别金融与非金融资产风险的优良办法。

（2）有巨额财富传承需求的家族：在财富管理行业，家族办公室（family office，FO）位居金融产业链顶端，它的主要工作之一就是通过资产配置的方式为家族打理巨额资产（一般超过1亿美金），减少财富缩水的风险，最终实现资产的保值、增值和代际传承。

（3）有移民和子女教育需求的家庭：中国早在2015年就已经成为世界第四大移民输出国，国际移民组织（International Organization for Migration，IOM）与全球化智库（Center for China and Globalization，CCG）联合发布的《世界移民报告2018》称有接近1 000万中国出生的移民生活在中国以外地区，其中去往美国的就有超过200万人[1]。胡润研究院发布的《2018中国投资移民白皮书》显示，教育质量（83%）、环境污染（69%）、食品安全（57%）是移民的主要原因；此外，性价比（63%）、投资价值（46%）、永久产权（37%）和地段（31%）是他们海外置业优先考虑的因素；受访高净值人群的海外资产

❶ 联合国国际移民组织（IOM）&全球化智库（CCG）:《世界移民报告2018》，2018年5月10日，搜狐网，http://www.sohu.com/a/231154434_108697，最后浏览日期2019年6月29日。

平均占总资产的11%，其中房地产占大头；未来他们希望这一比例提升到25%；他们海外置业的目的主要体现在三个方面：自住型置业、投资型置业和度假型置业，分别占比49%、46%和5%，有超过一半的高净值人群愿意投入300万元至600万元人民币在海外置业上[1]。

（4）有海外资产配置需求的家庭：日趋严格的外汇管制、一线城市房产限购等政策都在刺激中国高净值人群转向海外投资。在全球范围内，为了振兴本国经济，许多传统移民国家和新兴移民国家都在实行不同的刺激政策，如美国实行低企业税、希腊实行买房落户、圣基茨群岛地区合法规避CRS等。这些政策都在为有未来资产规划、配置需求的个人和家庭提供独特的渠道。

资产配置的维度

一个良好的资产配置通常会考虑到三个维度：时间维度、风险偏好和流动性维度（见图2-14）。

时间维度：投资时长是驱动资产配置的一大主要因素，例如，当一个财富管理者在20岁左右为自己40年后的退休生活

[1] 胡润研究院：《2018中国投资移民白皮书》，2018年7月5日，搜狐网，https://www.sohu.com/a/239537044_826171，最后浏览日期2019年6月29日。

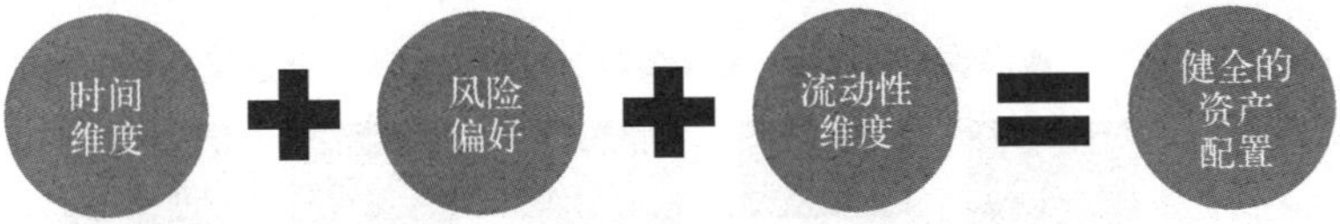

图2-14 良性资产配置的一般构成

做准备时，通常会偏向于选择高风险高收益的资产；相比较而言，父母在为子女准备教育金时则会把更多资产投入到比较稳定的固定收益产品上。一些投资者会误把资产配置理解成如何短期调整股票、债券、基金之间的比例，但实际上资产配置是一个偏长期的财富管理工作，而且短期不易看到配置的效果。

风险偏好：与风险容忍度不同，风险偏好说明的是财富管理者在承担风险时尝试获取的效用，风险容忍度则多指风险厌恶者对风险的忍耐程度。激进的投资者可能会选择将大部分资产投放在更高收益的产品上，与效用呈正比，从而带高资产配置整体的风险度；而保守型投资者可能更倾向于低风险、低收益的产品来寻求本金保障。招商银行和贝恩公司总结的《2019中国私人财富报告》称2009—2019年间，中国高净值人士对风险的认知更加成熟（见图2-15），选择中低收益水平的人群逐渐增加，选择高风险高收益人群有明显下降趋势。

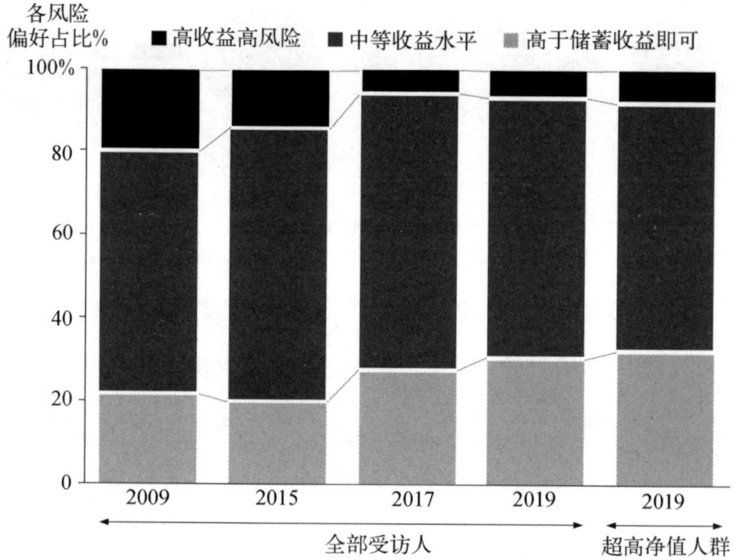

图2-15　2009—2019年中国高净值人群风险偏好[1]

流动性维度：流动性是具备必要支付能力，也指资产变现的能力和速度。俗话说“一分钱难倒英雄汉”，我们永远不知道意外和明天哪个会先到，所以我们应当为意外事故，如大病、商业融资留出一定缓冲空间，毕竟从自身解决资金的问题既稳妥又高效。只有把流动性考虑清楚，才能更好地配置资产。

[1] 图2-15资料来源：招商银行&贝恩公司：《2019中国私人财富报告》，2019年6月6日，199IT网，http://www.199it.com/archives/887671.html。最后浏览日期2019年6月29日。

为什么要进行资产配置?

马科维茨通过分析近30年来美国投资者的投资行为和大量的投资数据后得出结论：在所有参与投资的人中，有约90%的人都没有获得财富的成功，投资成功的仅占比10%，他们成功的秘密就在于资产配置。

资本市场为投资者一共提供了三种投资工具：资产配置、择时交易和证券选择。美国基金界认为："资产配置对投资组合的影响是最大的；资本市场实际上好比是变幻莫测的天气，没有人能准确地预测出明天的情况，证券选择和择时交易在长期都不是必胜战略[1]。"资产配置的本质是通过资产的多样化（diversification）配比来减少总投资风险。一般来说，股票、债券、现金类等资产并不总是联动涨跌的，总会有某个资产在某个时期是逆势而动的，即学术上所说的相关性，资产之间相关性越弱，资产配置抵御风险的能力就越强。

Brinson、Hood和Beebower 三人在1986年发表的《资产组合表现的决定性因素》（*Determinants of Portfolio Performance*）文章中说道：资产配置是整个资产组合回报收益的主要决定因

[1] Vanguard Group. Asset Allocation: Key to Your Investment Climate. URL: https://investor.vanguard.com.

素[1]。同时，Scott等人2016年在另一篇学术文章中对其进行数据论述后证实了这一结论，而且还总结出了资产配置、择时交易和证券选择之间的关系[2]，如图2-16所示。

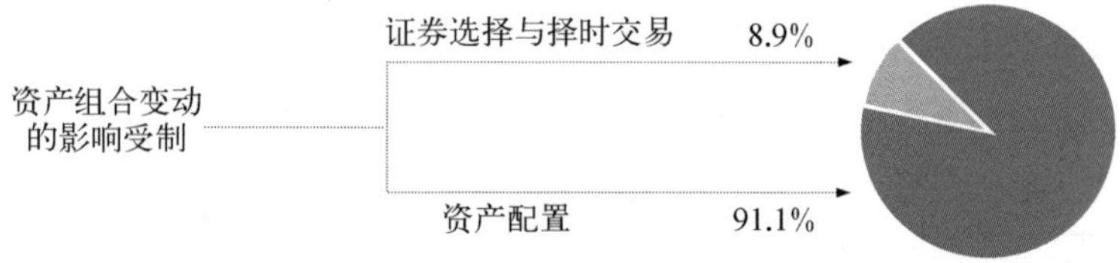

图2-16　投资成效很大程度上取决于资产组合中资产的长期混合[3]

图2-16主要传递的信息有：① 投资收益在很大程度上由一个投资组合中的长期资产混合而产生；② 资本市场提供的三个投资工具中，资产配置对一个资产的作用最大，占比91.1%，而证券选择和择时交易加起来才不过8.9%。所以想要获取更多的资产投资上的成功，金融消费者应当把更多的关注点放在资产配置上，而不是耗费更多时间在选择各种证券或是选择买进

---

[1] Brinson G.P., Hood L.R., Beebower G.L. Determinants of Portfolio Performance［J］. Financial Analysts Journal, 1986, 42: 4. https://doi.org/10.2469/faj.v42.n4.39.

[2] Scott, Brian J., James Balsamo, Kelly N. McShane, Christos Tasopoulos. The Global Case for Strategic Asset Allocation And an Examination of Home Bias.Valley Forge, Pa.: The Vanguard Group, 2016.

[3] 图2-16资料来源Vanguard：Vanguard's Principles for Investing Success，Vanguard官网，https://investor.vanguard.com/corporate-portal/，最后浏览日期2019年6月29日。

卖出的时间上。

大类资产配置的四个步骤

大类资产配置的四个步骤如图2-17所示。

图2-17 大类资产配置的四个步骤

设定整体性投资目标：在这一阶段，投资者要首先考虑投资的目标回报、风险偏好、流动性需求和投资时间跨度，另外，政策限制、操作规则、投资成本、费用、税收等因素也应该考虑在内。

建立战略性资产配置：

（1）选择投资的资产种类。主要有以下四大类（见图2-18）。

选择资产类别时，资产本身的属性和品类之间的相关性非

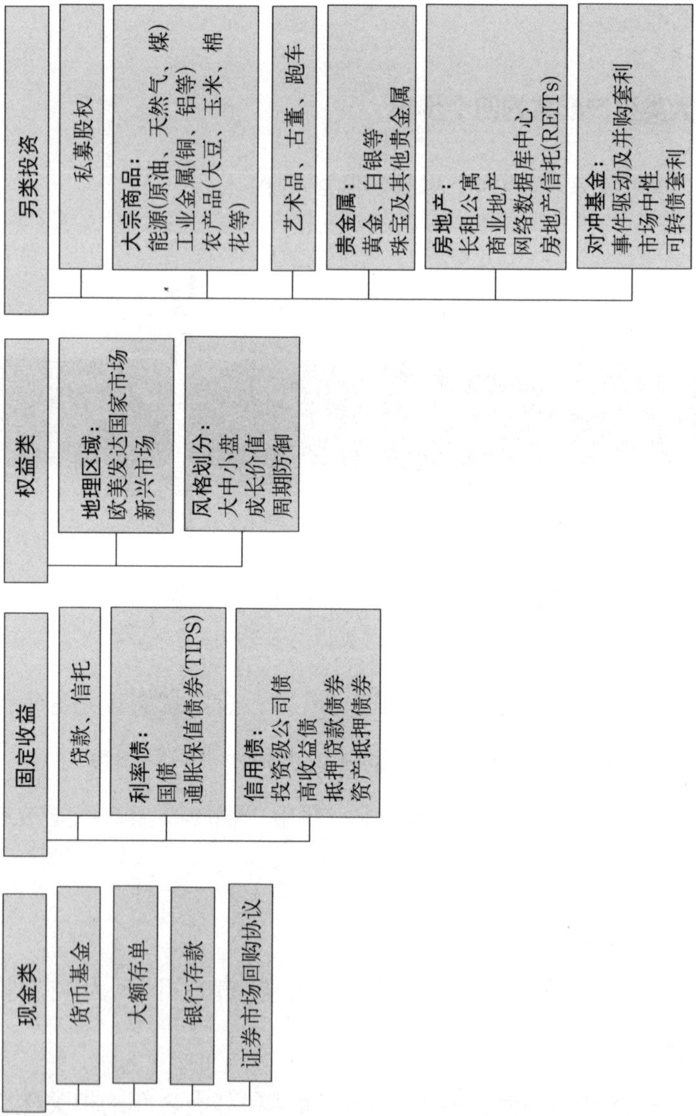

图2-18 资产的四大种类

常重要。属性方面，资产本身要具备内在价值，即持有期间能够带来稳定的现金流或未来有升值空间（低估值）；品类之间相关性越低越好，但是这不是绝对的，而且要时时关注相关性之间的关系变化。

（2）估算所要投资资产的预期回报率、回报率的标准差（风险）以及和其他类别资产的相关系数。不同的资产之间会有不同的市场相关系数，而且资产组合业绩的表现也会取决于资产之间的相关度，最大值为1（正相关，同涨同跌），最小值为−1（负相关，此涨彼跌）。图2−19以谷歌和GMC公司股票组成的资产组合为例，在相同的回报率下，资产之间的相关程度越低、整体风险就越小，在相关度为1时，持有50%谷歌和50%GMC风险约在55%；当相关度为0时，资产配置的风险程度处于中间水平，整体

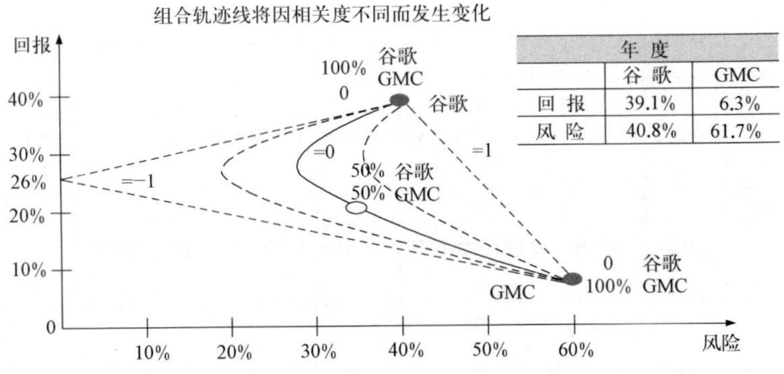

图2−19 资产组合收益率与资产相关度间的关系

风险约为35%；当相关度为−1时，风险程度约在15%。

在整理近15年国内大类资产之间的相关系数时，我们发现股票与债券、七天逆回购、货币基金、理财、信托的关系为负值，与大宗商品、黄金和上海二手房的价格的关系为正值（见表2−4）。

表2−4 国内大类资产相关系数[1]（2004.4—2017.4）

	股票	债券	R007	大宗商品	黄金	货币基金	理财收益	信托1～2年	上海二手房
股票		−0.234	−0.147	0.222	0.186	−0.07	−0.076	−0.222	0.026
债券	−0.234		−0.131	−0.383	−0.109	0.186	0.051	0.012	−0.106
R007	−0.147	−0.131		−0.209	−0.201	0.624	0.556	0.52	−0.045
大宗商品	0.222	−0.383	−0.209		0.271	−0.345	−0.191	−0.231	0.142
黄金	0.186	−0.109	−0.201	0.271		−0.123	−0.059	−0.168	0.046
货币基金	−0.07	0.186	0.624	−0.345	−0.123		0.599	0.438	0.026
理财收益	−0.076	0.051	0.556	−0.191	−0.059	0.599		0.544	0.217
信托1～2年	−0.222	0.012	0.52	−0.231	−0.168	0.438	0.544		−0.177
上海二手房	0.026	−0.106	−0.045	0.142	0.046	0.026	0.217	−0.177	

[1] 资料来源：万得金融终端。

（3）应当对资产设立一系列数值限制，而不是一味任资产随市场变化而变化。例如，就投资各大类资产的投资比例而言，执掌耶鲁大学基金的首席投资官斯文森的比例为各类资产投入比例最低5%，最高不超过30%；同时，最低回报率、止盈率、止跌率、卖空比例等都需要提前制定。

（4）应将资产配置模型输出的一系列最优投资组合（有效边界上的组合）与投资者的效用函数相匹配，得出最优资产配置组合。图2-20给出了资产组合的有效边界。与单个资产的特性不同，在有效边界上的资产都遵循风险和收益呈正比的关系，使得持有高风险资产的投资者得到市场奖励；但并不是所有资产都是高风险高收益类型，图上方A点到B点部分（非有效边界）就符合这一点，因为图下方的资产都具有随着资

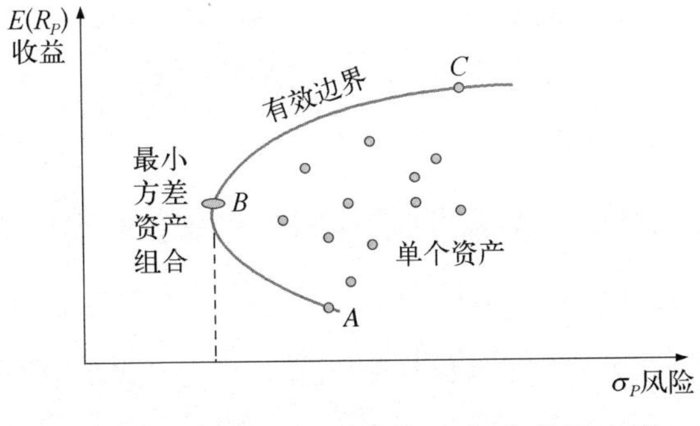

图2-20　资产组合收益与风险的有效边界

产风险增高收益减少的特性，选择这类资产将不利于资产的增值。

执行战略资产配置并及时调整权重：① 若没有特别的投资观点作支撑，应坚定原有战略配置，不应随意调整战术；② 战术性资产配置主要有三个目标（见图2-21）；③ 资产配置能否取得成功主要依赖正确预测市场的能力，主要有技术分析法、基本面分析法和量化分析法三种方法。

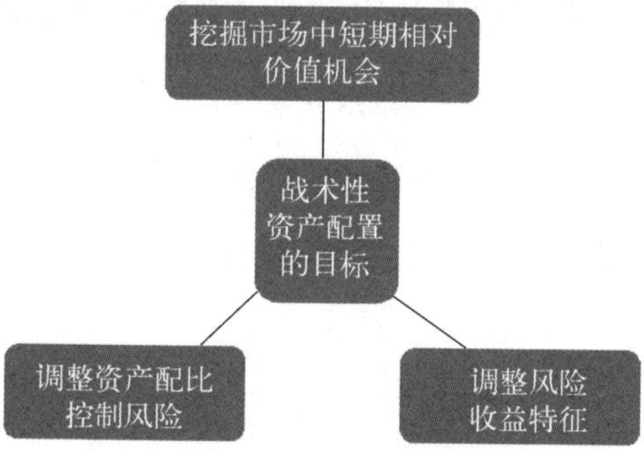

图2-21　战术性资产配置的目标

回顾与调整：① 通过统计回报业绩和归因分析了解每次投资决策对整体业绩的贡献；② 对资产配置进行再平衡；③ 在基本假设变化时调整战略配置；④ 在市场变化时，进行战术调整。

资产组合是免费的午餐

“天下没有免费的午餐”是尽人皆知的一个俚语。但是马科维茨却称多元化投资是“金融界里唯一的免费午餐”[1]。因为通过将资产进行多元化组合后，一个投资者可以在降低风险的同时保持收益的不变或在风险不变下提高收益。

这里举一个例子，假设你有一个非常好的机遇购买一只证券或其他资产，它的资产在未来的几年内有50%的可能性上涨6%，另外还有50%的可能性下跌4%。那么根据理论，预期收益为1%（50%×6%–50%×4%）。但是实际上对于这种单一的资产，几年以后的情况只有盈利6%或者损失4%两种情况。我们且称之为资产A。

现在我们再加入一个资产B，它与资产A的情况一样，但是当资产A升值时，资产B贬值；资产A贬值时，资产B升值。假设资产A升值6%，资产B贬值4%；资产A贬值4%，资产B升值6%。如果投资者各投100元给资产A和资产B，当资产A升值6%，收益6元，资产B损失4元，加起来总共202元；相反，当资产B升值6%，资产A损失4%，加起来还是

[1] Seeking Alpha. The Free Lunch of Diversification: Still on The Menu. URL: https://seekingalpha.com/article/4058746-free-lunch-diversification-still-menu.

202元，比原先投资的本金200元多出2元，这样远比把钱都投给A或者B净损失4元、6元要好。所以无论哪种情况，相比两种资产同升值或同贬值的情况，投资者都能在风险互相抵消的情况下净挣1%。重要的是，投资者并没有为此付出额外的代价，仅仅是将两种资产合并在了一起。这就是“免费的午餐”。

图2-22为1926—2016年间美国股票与债券的资产组合配置及收益情况。在上半部分的图中，其中上半圆代表的是债券配置百分比，下半圆则代表股票配置百分比；下面柱体中的数字由上至下依次为不同股票与债券配置组合后产生的最高收益、平均收益和最差收益。让我们先看两个极端情况。

在柱体的最左边，投资者如果将全部资产都投给债券类资产，最好的情况下可以获得市场收益32.6%，但是在最差的情况下就要损失本金的8.1%；在柱体的最右边，如果投资者将全部资产都投在股票当中，最好的情况是可以从市场中收益54.2%，最差时就要亏损43.1%，除非是对这种大起大落不在乎或有巨大承受风险压力能力的人，大多数人一般是不会拿自己的本金下赌注的。

看完了两种极端，我们再来看一下中间的资产配置比例，

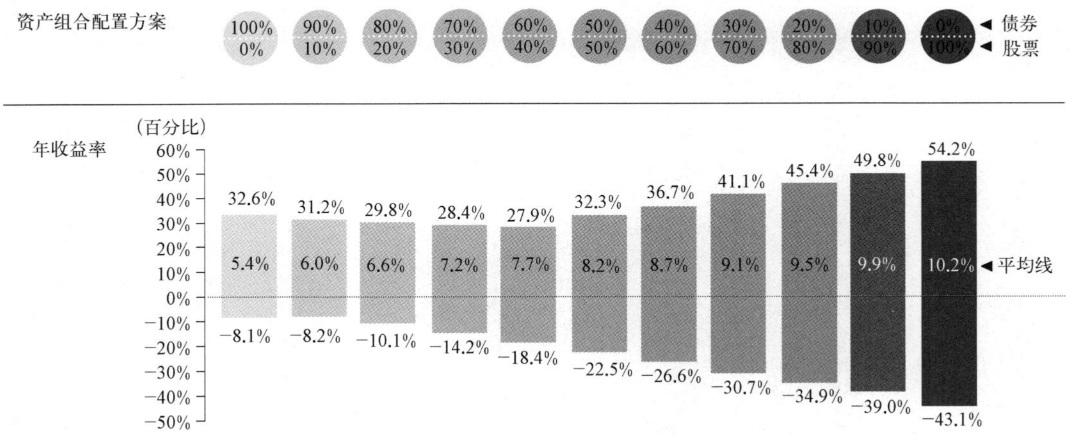

图2-22　资产的混合定义投资组合的收益（1926—2016年美国股票、债券的资产组合配置及收益情况）[1]

[1] 图2-22资料来源：Vanguard：Vanguard’s Principles for Investing Success，Vanguard官网，https://investor.vanguard.com/corporate-portal/，最后浏览日期2019年6月29日。

对于那些没有良好掌握金融知识的投资者来说，也能玩转金融，即把50%的本金投放在债券中，剩下50%的本金投放在股票中，年平均也有8.2%的收益。这种大概率的"稳赚不赔"就是资产配置的艺术性所在。

耶鲁大学基金投资奇才斯文森曾说，"债券和股票之间的差异所表现出的多元化水平超过了由传统有价证券支配的投资组合所表现出的多元化程度；当实际通胀与预期不相符时，持有股票和债券就是多元化程度最高的投资选择"[1]。

集中型投资的危害

看到这里，一些投资者会问，资产如果不进行多元化配置会发生什么呢？这个问题美国投资者也许会更有发言权。1929年股市暴跌就是最有力的证据。中小型公司的股价在1928年11月达到最高值，而在1932年跌至谷底，而未能将资产进行配置的投资者资产损失了90%，同时1美元的实际价值在除去价格因素后只值88美分。具体数据如表2–5所示[2]。

---

[1] David F.Swensen. Unconventional, Success—A Fundamental Approach to Personal Investment, Oversea Publishing House, 2005–2008.

[2] 表2–5资料来源：芝加哥伊博森公司：《股票、长期债券、短期债券和通货膨胀2004年年鉴》（2004年），最后浏览日期2019年6月29日。

表2-5 集中投资给美国投资者带来的伤害

市场有时会摧毁集中型投资组合		
时间段	中小公司股票收益乘数	调整后的购买力乘数
1928.11—1932.6	0.1	0.12
1968.12—1974.12	0.42	0.29

36年后，采用集中型投资方法的美国投资者似乎还没有从之前的经济危机中吸取教训。20世纪60年代，美国中小型公司的股票市值一度到达最高值，连续4年都高于大公司的股票峰值，但接下来跌不可挡，市值缩水了近60%，再加上通货膨胀，1974年底，1美元的价值下降到68美分，投资者的亏损一度超过70%。所以，采用集中型、押宝式的美国投资者对此付出了惨痛的代价。

资产配置的短板——“敬畏市场”

多元化配置资产是一个有效管理传统风险的战略，但不意味着资产配置就是全能的。“多元化资产配置不是绝对保护，比如它可能不会缓解非流动性资产、交易对手风险杠杆、或诈骗风险”[1]。对投资者来说，最明显的还是市场风险。2019年

[1] Vanguard：Vanguard’s Principles for Investing Success，Vanguard官网，https://investor.vanguard.com/corporate-portal/，最后浏览日期2019年6月29日。

2月27日，中国证监会新任主席在出席国新办发布会时提出了“四个必须”，其中一个“必须”就是必须敬畏市场，尊重规律，遵循规律，毫不动摇地推进资本市场健康发展[1]。这不仅仅是对高层监管机构的要求，也是对投资者提出的建议。

之所以投资者要敬畏市场，是因为市场无法预测且存量巨大，不因一个人的意志而转移。由于信息的缺失，有时市场内的组成资产表现会突然升高，有时会突然缩水，没有人能准确预料。所以投资者如果想获取市场收益，就必须要提高获取收益的概率。当一个投资者持有的资产组合能包含多种或所有市场组成成分时，强势的成分或许能在提高获利概率的同时缓解疲软成分带来的劣势。

图2–23给出了美国2002—2016年市场中不同投资类别（REIT指数、标普指数、MSCI美国指数、MSCI新兴市场指数、标普全球资产指数、威尔逊4500指数、彭博债券指数、新兴市场债券指数和彭博商品指数）的表现评比，顶端为最好，底端为最差。

---

[1] 帆茂投资：《易会满：必须敬畏市场、尊重规律、遵循规律》，2019年2月27日，搜狐网，http://www.sohu.com/a/298202682_99920729，最后浏览日期2019年6月29日。

2002—2016年市场投资类别的年收益，由最好至最差

	2002	2003	2004	2005	2006	2007	2008	2009	2010	2011	2012	2013	2014	2015	2016
FTSE NAREIT Equity REIT Index（美股）	3.81%	37.14%	31.59%	12.17%	35.03%	−15.70%	−37.73%	27.99%	27.96%	8.29%	18.06%	2.47%	30.14%	3.20%	8.52%
SAP 500 Index（美股）	−22.10%	28.68%	10.88%	4.91%	15.79%	5.49%	−37.00%	26.46%	15.06%	2.11%	16.00%	32.39%	13.69%	1.38%	11.96%
Wilshire 4500 Completion Index（美股）	−17.85%	43.95%	18.01%	10.03%	15.32%	5.38%	−39.02%	36.90%	28.52%	−4.15%	18.08%	38.32%	7.96%	−2.64%	18.54%
MSCI World ex USA Index（非美股）	−15.51%	40.01%	20.84%	14.96%	26.23%	12.92%	−43.23%	34.39%	9.43%	−11.78%	17.01%	21.57%	−3.88%	−2.60%	3.29%
NSCI Emerging Markets Index（非美股）	−6.34%	54.42%	27.02%	33.97%	32.14%	40.15%	−53.63%	82.88%	20.22%	−19.24%	19.08%	−1.86%	−1.42%	−13.55%	11.60%
S&P Global ex–U.S. Property Index（非美股）	1.28%	45.79%	39.89%	17.44%	45.58%	1.91%	−52.98%	47.54%	17.23%	−16.01%	40.88%	4.35%	3.43%	−1.77%	2.02%
Bloomberg Barclays U.S. Aggregate Bond Index（美债）	10.26%	4.10%	4.34%	2.43%	4.33%	6.97%	5.24%	5.93%	6.54%	7.84%	4.22%	−2.02%	5.97%	0.55%	2.65%
Bloomberg Barclays U.S. Corporate High Yield Bond Index（美债）	−1.41%	28.97%	11.13%	2.74%	11.85%	1.87%	−26.16%	58.21%	15.12%	4.98%	15.81%	7.44%	2.45%	-4.47%	17.13%
Bloomberg Barclays Emerging Markets USD Aggregate Bond Index（非美债）	12.26%	26.93%	11.89%	12.27%	9.96%	5.16%	−14.75%	34.23%	12.84%	6.97%	17.95%	−4.12%	4.76%	1.29%	9.88%
Bloomberg Barclays Global Aggregate ex–U.S. Index (Hedged)（非美债）	6.85%	2.42%	5.26%	5.42%	3.19%	4.27%	5.75%	4.43%	3.28%	3.94%	6.46%	1.18%	8.79%	1.36%	4.90%
Bloomberg Barclays Commodity Index（其他）	25.91%	23.93%	9.15%	21.36%	2.07%	16.23%	−35.65%	18.91%	16.83%	−13.32%	−1.06%	−9.52%	−17.01%	−24.66%	11.77%

图2–23 市场的随机性表现[1]

[1] 图2–23资料来源：Vanguard：Vanguard’s Principles for Investing Success，Vanguard官网，https://investor.vanguard.com/corporate-portal/，最后浏览日期2019年6月29日。

假设一个投资者在2002年到2016年之间一直且仅仅持有彭博商品指数，我们会发现2007年之前总体上排在前列，而2012年到2015年却占据了排位的最后一名，投资者在持有这类资产的情况下资产收益波动是非常大的，要么赚得多要么赔得多，同时对投资者抗压的能力也提出了更高的要求。再假设一个投资者决定再添加标准普尔500指数（标普500）的资产合成自己的资产组合，那么两类资产的走势图如图2-24所示。

图2-24　2002—2016年彭博商品指数与标普500指数的收益走势图[1]

[1] 图2-24资料来源：Vanguard：Vanguard's Principles for Investing Success，Vanguard官网，https://investor.vanguard.com/corporate-portal/，最后浏览日期2019年6月29日。

在经过总结对比后我们观察到了几个问题：① 尽管资产组合能够帮助投资者缓解市场风险，但是当遇到经济危机时，资产组合也不能抵抗市场危机；② 资产组合中单一资产所反映出的波动性也许不会证明什么，但是两种或多种以上的资产所反映出的联合波动有时候会给投资者带来意想不到的收益，如2002—2003年、2004—2007年这几年里，彭博指数下跌时，标普500的逆势而动反而能出面弥补下跌损失；③ 在这15年里，这两种资产也有同跌同涨的情况，如果想要进一步规避这种联动风险，投资者应考虑额外添加其他类别的资产；④ 虽然多元化资产组合不能给资产提供完全的保险功能，但是我们可以确定的是，没有进行过多元化处理的资产组合有更大的可能遭受灭顶损失。

中美家庭资产配置差异

下面让我们来对比一下中国和美国家庭在资产配置上的差异。图2-25中，在资产的配置方面，最直观的感受是，相比房产，美国家庭相对更偏爱金融资产，同时，房产比例与金融资产比例相差不大。对比而言，中国家庭在资产的配置上更偏向于房地产市场，占比接近80%，而金融类资

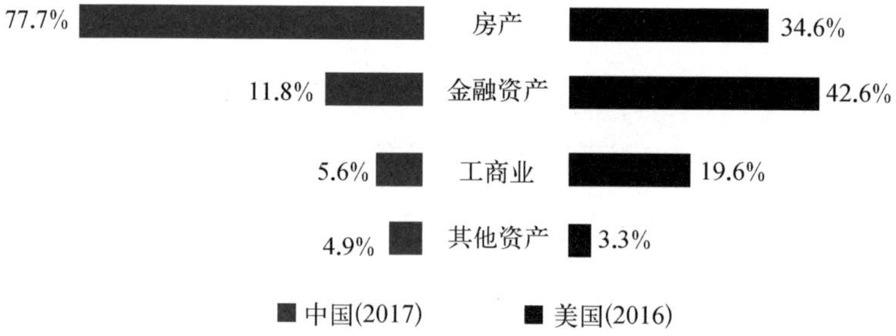

图2–25　中美家庭总资产配置对比图[1]

产仅占比11.8%，两者相差65.9%。在之前我们说过，资产配置是在降低各类资产风险可能性的情况下同时提高整体资产收益，但是中国家庭在配置资产的时候却完全是颠倒的思路，是在先确保收益的情况下再把钱分散配置到其他资产。这种亚健康式资产配置与鸡蛋放在一个篮子里没有任何区别。

针对这个现状，普通家庭可以借鉴“金字塔配置”并根据家庭的收入、年龄、风险偏好等实际情况决定金字塔的宽窄，在底层的资产主要包括备用金（银行存款、货币基金）、保障型资产（自住房产、寿险）、保值资产（国债、固定收益类

[1] 图2–25资料来源：广发银行&西南财经大学：《2018中国城市家庭财富健康报告》，2019年1月17日，新浪财经，https://finance.sina.com.cn/money/bank/bank_hydt/2019-01-17/doc-ihqhqcis7071583.shtml.

理财产品）；中间一层是投资类型资产，包括融资类信托、稳健的银行理财、投资型房产、黄金、债券；最上层是投机资产，包含私募股权、期货等。这种模式的稳定性和保障性比较突出，使用人群也比较广泛（见图2–26）。对于一些激进的年轻投资者可以采取"倒金字塔"模式，将资金多配置在股票型产品。

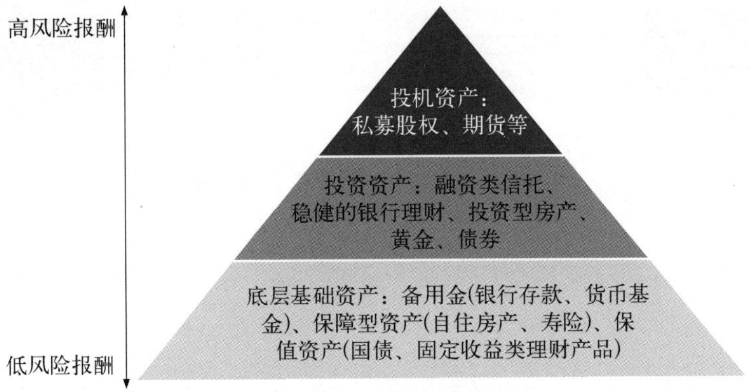

图2–26 金字塔配置

美国标准普尔（全球最具影响力的信用评级机构）在调研全球十万个资产稳健增长的家庭投资数据后，总结出了四象限标准普尔家庭资产配置图，被公认为是最科学、稳健的资产分配方式（见图2–27）。

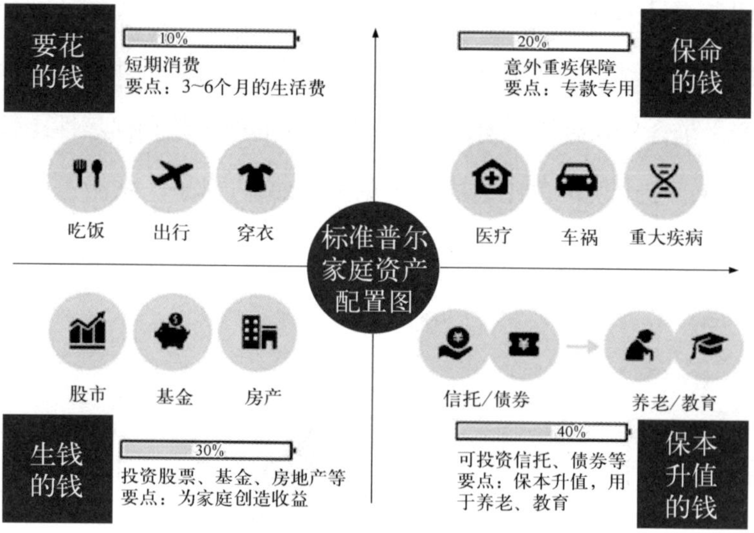

图2-27　标准普尔家庭资产配置[1]

标普建议家庭资产应该分成四个部分：10%，20%，30%，40%。

（1）10%：指的是短期消费也就是要花的钱，这其中包含了家庭日常的吃穿住行方面的费用，标普建议家庭应当储存3～6个月的生活费才算充足，原因在于即使出现开支意外增大或者收入停止的情况也可以保证家庭的正常生活短期不受影响。

[1] 图2-27资料来源：标准普尔：《什么样的家庭资产配置适合中国人？》，2017年12月12日，搜狐网，http://www.sohu.com/a/210020970_99953916，最后浏览日期2019年6月29日。

（2）20%：指的是家庭用来保命的钱，用于支付一些像重大疾病、车祸等意外事件，也就是在保险保障方面的支出。人有旦夕祸福，天有不测风云，这部分钱应该做到专款专用，在关键的时候比起四处求人、卖房卖股票高效得多。

（3）30%：这一部分是可以生钱的钱，以获取收益为目的，应该做到家庭拿出30%的钱用来投资期货、外汇、股票、基金和房地产等为家庭创造收益。

（4）40%：是保本增值的钱，属于稳健增值类投资，应该做到抵御通货膨胀。这一部分钱虽然在短时间内用不到，但是在未来中长期内一定会被使用，像养老金、子女的教育基金就属于这一类。这一部分钱的主要特点是安全性高，风险度低。信托、债券、定期存款、分红保险等一些稳健增值类产品可以划分到这一类里面。

虽然标普资产象限图是公认的家庭式科学资产配置方式，但是在实际运用时不应生搬硬套，应根据国情、消费习惯、税率结构、文化、家庭构成、阶段适时调整。

适合（超）高净值资产客户的资产配置方案

针对高净值资产的客户，可以采用核心-卫星配置策略（core-satellite strategy）（见图2-28）。核心-卫星配置策略产生于

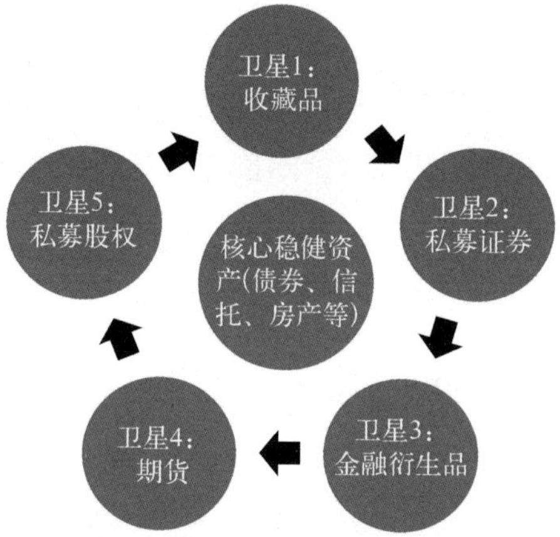

图2-28　适合高净值人群的核心-卫星配置策略图

20世纪90年代，现在已经成为市场上主流资产配置策略之一，像先锋、瑞银、巴克莱等全球著名资产管理机构都在应用这一策略为客户配置资产。这种策略由两部分组成，一部分是对整个投资组合的安全和收益起到保驾护航的决定性作用，称之为核心的相对稳健资产，这一部分在整个投资的比重较大；另一部分像卫星围绕行星遨游太空一样，在一定条件的约束下，有更主动、积极、灵活的投资空间。

核心卫星的定义与投资者的投资风格有关，例如，投资风格激进的投资者可以以股票型资产为核心，货币型基金等为卫星；保守型投资者则可以以债券型基金、货币型基金为核心，以保证收益的稳定性，同时以股票型基金或者是指数型基金为卫星，为资产配置提供成长性。

核心卫星策略的优势除了多元化、便于管理、风险控制外，还具有成本优势，因为绝大部分比重由被动管理的指数型基金组成，管理成本和交易成本得到了很好的控制。但是投资者应当注意的是，核心和卫星之间的搭配组合应当随着市场环境变化进行动态调整，因为某些核心资产或卫星资产或许会受政策影响而收益走低。

对于超高净值资产的客户来说，可以采用哑铃型配置，由于其配置类似于哑铃形状而得名，其一端为高风险高收益的投资产品，另一端是较为保守的低风险保本理财品种，中间是中等风险的资产（见图2-29），在这种模式下保障型和成长型的产品比重比较大，稳健型产品占比相对少，能够满足超高净值

图2-29　适合超高净值人群的哑铃型配置图

客户保障资产安全并获取高收益的需求。

海外资产配置

进行海外资产配置之前，需要考虑的一个重点问题是资金如何出境。自2017年7月1日起，“史上最严外汇管制方案”——《金融机构大额交易和可疑交易报告管理办法》开始实施，外管局重申，境内个人办理购汇时，不得用于境外买房、证券投资、购买人寿保险和投资性返还分红类保险等尚未开放的资本项目，并且会加强对银行办理个人购付汇业务的真实性、合规性进行检查，加大对个人购付汇申报事项的事后抽查和检查力度；按照要求，除规定的渠道外，居民个人购汇只限用于经常项下的对外支付，包括因私旅游、境外留学、公务及商务出国、探亲、境外就医、货物贸易、购买非投资类保险以及咨询服务等，我国大陆地区每个公民每年的结售汇不能超过5万美元[1]。

但是资金出境仍有以下几种方式：① 境外贸易交易节流，如果货品在境外发生交易活动并以外币进行结算，则资金就可以留在境外；② 境外上市股票，如果内地公司在中国香港地

[1] 中国人民银行：《金融机构大额交易和可疑交易报告管理办法》。

区或者美国上市后，高管、股东或者持有人套现后资金也可以留在境外；③ 蚂蚁搬家方式，也是目前比较有效的一种方式，购换外汇的额度是每年5万美元，但是对于外汇的转出，要求也越来越严格，每个境外账户在短期之内，最多只能接收3笔5万美元，合15万美元，以三口之家来计算，45万美元就可以转到境外，支付房产首付是差不多足够的；④ 移民后资产合法转移，在获得移民身份后购买房产并出售，售房款的总额在完税后可以申请外汇额度，获批后就可以一次性汇出到境外账户。

2018年清华大学发布的《2018中国高净值人群财富白皮书》中显示，在投资类别方面，高净值人士海外金融资产配置比同期增配了68.7%，仅次于私募股权基金（增配70.1%）（见图2-30）[1]。

根据招商银行和贝恩公司对高净值人群的调研分析发现，投资者进行境外投资的主要投资动因是利用资产配置分散风险和捕捉境外投资市场机会，之后是移民、企业海外扩张以及股权的海外架构安排等。从投资类别看，高净值人士投资仍然集中在储蓄和现金、股票和债券类产品等主流投资类别，但随着“买房养

❶ 清华大学经管学院中国金融研究中心&诺亚财富:《2018中国高净值人群财富白皮书》，2018年3月30日，搜狐网，https://www.sohu.com/a/226784875_254245，最后浏览日期2019年6月29日。

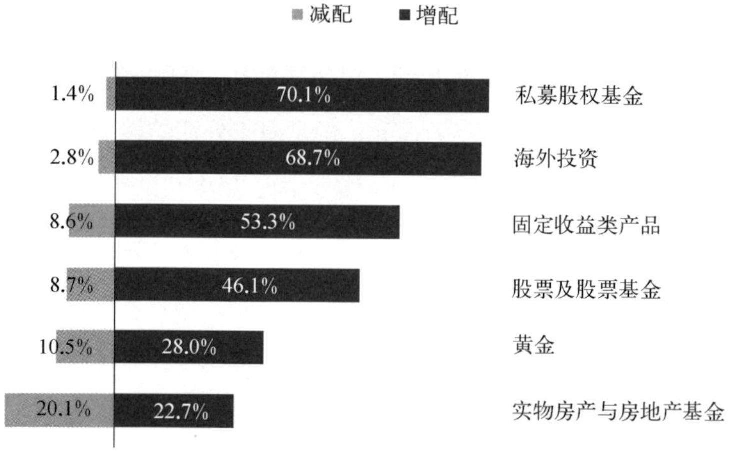

图 2-30　中国高净值人群金融资产配置比例变化[1]

学”“买房养老”的盛行，出于子女教育和投资方面的需求，更多投资者会投资在房地产、 基金等类别。此外，胡润研究院发布的《2018中国高净值人群财富管理白皮书》显示，国内84%的高净值人群有人民币贬值的担忧[2]。 而他们的应对方法是加大海外资产的配置比例，其中60%以上的人看好海外房地产投资[3]。

---

[1] 图 2-30资料来源：清华大学经管学院中国金融研究中心&诺亚财富：《2018中国高净值人群财富白皮书》，2018年3月30日，搜狐网，https://www.sohu.com/a/226784875_254245，最后浏览日期2019年6月29日。

[2] 胡润研究院：《2018中国高净值人群财富管理白皮书》，2018年6月25日，网易，http://dy.163.com/V2/article/detail/DO9S68N05169UDF.html，最后浏览日期2019年9月23日。

[3] 胡润研究院：《2018中国投资移民白皮书》，2018年7月5日，搜狐网，https://www.sohu.com/a/239537044_826171，最后浏览日期2019年6月29日。

虽然不动产有升值空间，但是瑞银发布的全球房地产泡沫指数显示，全球多地已经接近或超过泡沫线（见图2–31）。

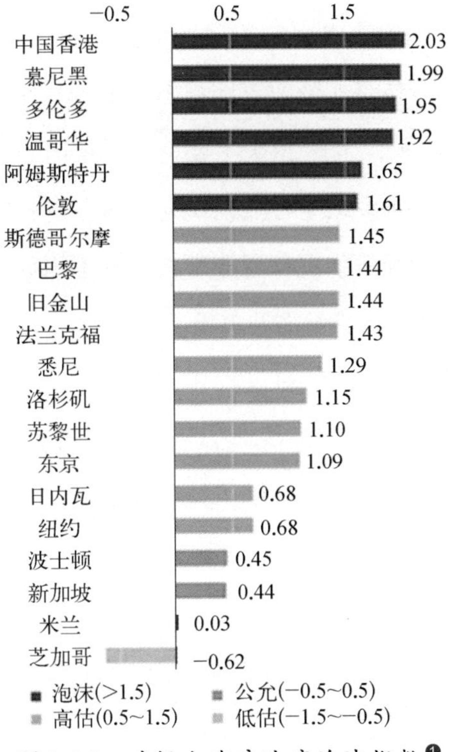

图2–31 瑞银全球房地产泡沫指数[1]

---

❶ 图2–31资料来源：瑞银：《2018全球房地产泡沫指数》，2018年9月28日，搜狐网，https://www.sohu.com/a/256811228_99920997，最后浏览日期2019年6月29日。

数据显示，中国香港被认为是泡沫领域最极端的城市，指数为2.03。自2012年以来，中国香港房价一直以每年近10%的速度上涨，目前的房地产降温措施也未能控制中国香港的房价。另外，一些中国投资者青睐投资的地方，如慕尼黑、多伦多、温哥华、阿姆斯特丹、伦敦等地都出现了不同程度的高风险泡沫。在过去5年里，全球20个主要房地产市场的房价平均上涨将近35%，而其他金融中心涨幅仅为15%左右。如此悬殊的差距与各自当地的经济状况和通胀率其实并不相称。同时，芝加哥和米兰则被列为房价低估的市场。

在投资海外房地产的过程中，应特别留意当地的房产管理政策，例如，以美国房产为例，它的持有成本相较中国是比较高的，除了交易费用、持有费用外，每年还有财产税、地税、估价费等。图2-32是美国购买房产涉及的部分费用。

近年来，伴随国内投资者海外置业热度的攀升，海外房产中介行业也进入了野蛮生长阶段。由于市场准入门槛较低，行业内存在供求双方信息不对称、交易不透明等问题，投资者决策时需要警惕交易陷阱，对那些“看上去很美”的方案保持谨慎、合理怀疑的态度，要详细了解所投资地区的经济、环境、生活成本，将投资、移民、教育、医疗、政策等因素综合纳入

- 交易费用

律师费500～3 000美元；产权保险费0.3%～0.5%；登记费100美元；公证费300～400美元；交易税0美元2%；勘查费50～600美元；房检费300～500美元；房管协会费：3个月物业费；产权调查费200～300美元；房屋估价费200～500美元；地税调整1～6个月。

- 持有费用

房产税1%～3%；房屋维修费，视情况而定；房屋保险每月约为100美元；出租管理费8%～10%+1个月房租；物业费0.3%～2.8%。

- 转让费用

房产增值税，净利润×15%（为避免外国人卖了房子不报税，让美国政府损失税款，1980年美国税局出台了针对外国人投资美国房产的法案，法案规定，外国人出售房产时，买方有义务在120天内预交交易价格的15%给税局，100万美元以下的自住房，预扣税税率为10%；遗产税是对纳税人去世后留下的全部财产进行征税，分为联邦、州和地方三级，联邦税率最高35%，起征点为500万美金）。

图2–32　美国购房费用构成[1]

中长期规划，警惕落入那些偷换概念的广告（如“买房移民美国”）的陷阱。买房不等于拿绿卡，购买欧美房产时还要区分永久地权与土地租赁权的条款，向专业、有经验的地产经纪人寻求意见。

---

[1] 图2–32资料来源：海外置业政策：《在美国购房费用结算表》，2019年6月29日，搜狐网，http://www.sohu.com/a/323811874_688100，最后浏览日期2019年6月29日。

QDII基金——海外资产配置的重要方式

除了海外房产，QDII基金也是投资海外重要的配置方式，可能很多人对它还不太了解。QDII，qualified domestic institutional investor，中文名为合格境内机构投资者，它是在一国境内设立，经该国有关部门批准从事境外证券市场的股票、债券等有价证券业务的证券投资基金。QDII基金最早出现是在2007年，可以说是国内比较早的海外理财方式。一般像银行、券商等境内大型的金融机构通过申请并获批一定的发行额度，它们用这些有限的外汇份额发行的基金就是QDII基金。它与传统基金最大的区别是，QDII基金可以大额投资海外市场的股票和债券，而且普通个人投资者可以直接用人民币购买QDII基金，基金公司会把人民币换算成美元去投资，在赎回时，再把美元按当天汇率换算成人民币返还给投资者；最重要的一点是，它不会占用个人每年5万美元的换汇额度，并且还能够对冲人民币贬值的风险，由此起到配置海外资产、分散风险的作用。

QDII基金可以投资的区域范围非常广，几乎包括了全球所有市场，像美国、欧洲、亚太、新兴市场、中国香港等，可投资的标的也非常多，如REITs港股、美股、黄金、石油、债券等。一些没有在国内上市的科技型企业，如阿里巴巴、腾讯等，就可以通过QDII来实现投资。

QDII基金与一般基金不同点在于QDII申购后是T+2日确认、公布净值，T+3日赎回，当天15：00前申购的，申购价以当天美股收盘价为准，赎回也是一样的道理，但是由于赎回涉及两地交易市场时差、汇率结算等原因，QDII基金赎回到账时间会比较长，如果再遇上各种节假日，赎回时间会更长，因此应妥善规划现金的流动性；QDII基金的费率比A股基金要高，A股基金一般费用构成为：申购费1.5%，管理费1.5%，托管费0.25%；QDII基金一般费用构成为：申购费1.6%，管理费1.8%，托管费0.35%。

投资QDII基金也有风险：第一点，QDII基金风险级别与股票型基金相当，属于高风险类型产品，会相对容易受到黑天鹅事件、全球经济形势、所投国家或地区宏观政策的影响，收益波动较大，投资者需要依据自身的风险承受能力和心理承受能力选择配置基金；第二点，选择QDII基金要了解所投市场或行业是否有中长期发展潜力；第三点，投资者在选择基金经理时要基于海外投资经验、历史业绩，如果不是特别了解，那么就选择相对稳定、有成长潜力的被动指数型基金，比如标普500、纳斯达克100

指数等。

收益方面，根据Wind的数据显示，2018年前三季度QDII基金业绩平均收益率最高，为3.1%。但是因为国庆假期期间美股暴跌，再加上中美贸易战，海外和国内市场剧烈震荡，对QDII基金的净值产生了很大的影响，导致2018年全年QDII基金平均收益为负9.02%，全年亏损的基金占比达74.5%。从近3年的数据来看，91只QDII基金平均净值收益率为7.41%，其中，68只获得正收益，占比达74.7%。

目前，根据东方财富网的数据，市场上可以申购的各类型QDII基金在246只左右，其中很大一部分是主动型管理基金，并且在持仓上侧重配置海外或中国香港上市的中国内地公司，这样的话会因为风险无法合理分散而对整个投资产生问题，毕竟大量配置中概股并不能规避主权类系统性风险。配置海外资产的最主要目的是分散风险，所以在配置时更需要一些代表海外股票走势的被动型指数基金。尽管QDII股票型基金种类少、收益率波动大，但它是目前投资者海外资产配置最合规合法的一种途径。

再平衡策略（rebalance）

“再平衡是指采取行动以保证当前投资组合的特点能尽量

与投资组合资产配置目标的可行性相匹配。[1]”需要注意的是，再平衡策略的目的强调的是风险控制，而不是收益最大化。虽然资产组合是投资者获取投资目标的重要决策之一，但是这种策略只有在资产组合随着市场环境变化而调整时才能正常发挥出它的功效，否则一成不变的资产组合是没有任何价值的。投资者在构思自己的再平衡策略时应当考虑几个问题：资产组合应当以什么频率进行检视，所持有的资产组合在偏离目标多少个百分比后触发再平衡机制，每一个资产配置部分应当重新投入多少。Jaconetti、Kinniry和Zilbering在2015年发表的一篇学术文章中总结道，对于大多数进行多元化配置的资产组合，投资者应当每半年至一年对其进行一次检视，如果资产的收益结果与目标收益偏离超过5%时，投资者就应当开启资产组合的再平衡策略[2]。

再平衡策略的优点有三方面：① 定期关注资产的配置和变动情况，使得投资者能够熟悉资产；② 提高达到长期收益目标的概率；③ 通过坚持现有资产组合的配置，使得投资者能够减少将财富投资于少数资产的风险。

---

❶ David F.Swensen. Unconventional, Success—A Fundamental Approach to Personal Investment, Oversea Publishing House, 2005–2008.

❷ Jaconetti Colleen M., Francis M. Kinniry Jr., Yan Zilbering. Best Practices for Portfolio Rebalancing. Valley Forge, Pa.: The Vanguard Group, 2015.

再平衡也并非完美，它的缺点体现在：① 如果平衡过于频繁，市场时机不理想，交易成本、时间成本、机会成本和心理成本都会提高；② 投资者都会犯经验主义，用一种熟悉的经验或路径进行资产配置，如过去投资房地产赚钱快，未来投资房地产也能来钱快这种想法在未来也许并不适用；③ 一些资产种类、资产管理人或者具体的投资不可能在任何合理的时间范围内恢复到平均值，如某类资产的价值永久性贬值或某些资产一直处于高价值或上涨时期。

另外，再平衡策略并不是适合所有的投资者，因为投资者运用再平衡策略的心理与通常心理活动恰好是相反的，其中一个方法就是卖出表现好的资产以买入表现差的资产。对于中国的大多数散户来说，这会有些难度，因为他们通常追涨杀跌。但是再平衡策略却要求投资人规避公众偏好的产品，而同时接受不太受欢迎的产品。之所以大多数中国散户会追涨是因为他们觉得持有主流投资产品会让他们感到安心，毕竟大多数人都持有，亏了大家也亏。但是这种“共识”心理有时候会害了投资者。因此，再平衡策略的第二种方法（卖出表现差的资产以买入表现好的资产）或许更适合。

再平衡策略和投资大师彼得·林奇的“鸡尾酒会理论”很像，也是一种逆向理性思维。当市场发生变动时，要维持投资组合的目标就必须要卖出业绩表现较好的产品而买入表现欠佳的产品。正常情况下，执行再平衡策略需要投资者拥有一定的勇气，但是在经济下行时，所需要的勇气和坚定的信心就更大。

21世纪初美国互联网泡沫爆发之前，1993—1994年投资者在股票上的配置比重为30%，1995—1997年股票的配置比重约为40%，1998—1999年上升至50%，在2000年3月美国股市到达最高点前股票配置超过60%，而固定收益的比重从1993年开始就一直在下降，从30%一直降到1999年的10%，让我们来对比一下采取再平衡策略和没有采取再平衡策略投资者之间的收益，如表2-6所示。

表2-6　资产配置再平衡策略对财富收益的影响[1]

年份	TIAA-CREF投资组合的资产配置			未进行再平衡的资产配置			进行再平衡投资组合的资产配置		
	股票	固定收益	财富乘数	股票	固定收益	财富乘数	股票	固定收益	财富乘数
1992	49%	51%	1.00	49%	51%	1.00	49%	51%	1.00
1993	51%	49%	1.11	49%	51%	1.11	49%	51%	1.11
1994	50%	50%	1.09	50%	50%	1.09	49%	51%	1.09

[1] 表2-6资料来源TIAA-CREF（美国教师退休基金会）：TIAA Personal Portfolio，TIAA官网，https://www.tiaa.org/public/land/investing-money-starting-out，最后浏览日期2019年6月29日。

（续表）

年份	TIAA-CREF投资组合的资产配置			未进行再平衡的资产配置			进行再平衡投资组合的资产配置		
	股 票	固定收益	财富乘数	股 票	固定收益	财富乘数	股 票	固定收益	财富乘数
1995	55%	45%	1.39	54%	46%	1.39	49%	51%	1.39
1996	58%	42%	1.57	58%	42%	1.57	49%	51%	1.55
1997	62%	38%	1.92	62%	38%	1.91	49%	51%	1.87
1998	64%	36%	2.27	65%	35%	2.26	49%	51%	2.18
1999	68%	32%	2.60	70%	30%	2.59	49%	51%	2.40
2000	64%	36%	2.52	65%	35%	2.50	49%	51%	2.44
2001	58%	42%	2.41	60%	40%	2.39	49%	51%	2.40
2002	49%	51%	2.23	52%	48%	2.19	49%	51%	2.29

表2-6将TIAA-CREF（美国教师退休基金会）参与者收益、未进行再平衡和进行再平衡投资的收益作了一个比较，我们发现：① 未进行过资产再平衡的投资组合在1992—2002年间的财富收益有着比较大的波动，1999年TIAA-CREF和未进行再平衡的资产配置快速达到财富乘数的最大值2.6和2.59，而进行再平衡的投资组合的财富乘数虽然提升很慢，但最终也达到了2.40财富乘数；② 虽然再平衡的投资组合含有“增长滞后性”，但这种特性在2000—2002年熊市之间为投资者带来了更高的收益；③ 自始至终让资产保持再平衡将会减少投资者的心

理波动。

因此，在数据面前，资产配置+再平衡策略有着不可估量的价值。耶鲁大学基金首席投资官斯文森曾自述道："在2003财政年，耶鲁大学执行了大约38亿美元的再平衡交易，其中约有一半是买进下跌的股票，另外一半是卖出涨势喜人的股票，这个策略为其带来的净利润为2 600万美元，比价值16亿美元的国内股票投资组合带来的收益还高出1.6个百分点[1]。"

总结

资产配置最大的艺术性就在于，它在不牺牲投资收益的情况下降低投资风险。我们的投资者大多数都是理性的人，都希望获得的收益是最大的，承受的风险是最小的。但是既想把钱赚了，又不想承担风险，这是不可能的。虽说资产配置是一个"免费的午餐"，但是能不能"吃饱"又是另外一个问题。50年前的华尔街跟今天的中国很像，都是散户为主的市场，但是如今美国证券市场的散户基本上都已经消失了，因为他们把大多数财富交给了市场上有话语权的合法机构投资者。小额资产配置是无法明显看出风险的分散趋势的，只有把大多数人有相同

❶ Vanguard. 2010. Best Practice for Portfolio Rebalancing. URL: http://www.doc88.com/p-7764020661218.html.

意愿的财富积累起来或者把钱交给合法的资产管理机构进行配置，分散风险效果才更明显。

投资TIPs：

1. 资产配置是“免费的午餐”，它的效果是择时与择股所无法相提并论的。
2. 资产配置的本质目的是避险，而非追求收益的最大化。
3. 各类资产配置比例建议最低为5%，最高不超过30%。
4. 资产种类之间的正负相关程度是决定总体资产配置风险的重要因素。
5. 投资者应每半年至一年对资产配置进行回顾检视，若实际收益率与目标收益率偏离达到5%，则建议开启资产配置再平衡策略。

第3章

现金管理与固定收益投资

现金管理

投资需要“天时，地利，人和”。其中天时的核心就是要顺势而为。当市场行情下行时，对于普通人而言，投资风险就会加大，亏损的概率大过赚钱的概率，因此，要把更多关注放在风险防范上，多做一些确定性的、有把握的投资，谨记保住本金比赚钱更重要。

简单来说，就是现金为王，在保证一定收益的前提下，同时保持家庭资产的流动性和安全性。接下来的章节主要介绍现金类理财、固收类理财的实战技巧。说到理财，大众首先想到的就是银行理财、货币基金，尤其是大名鼎鼎的“宝宝类”货币基金，如余额宝、现金宝等。它们确实为人们的投资和日常生活提供了很好的流动性。我们将银行理财、货币基金等工具的7日年化收益率情况进行简单比较，并在后文中一一介绍（见图3-1）。

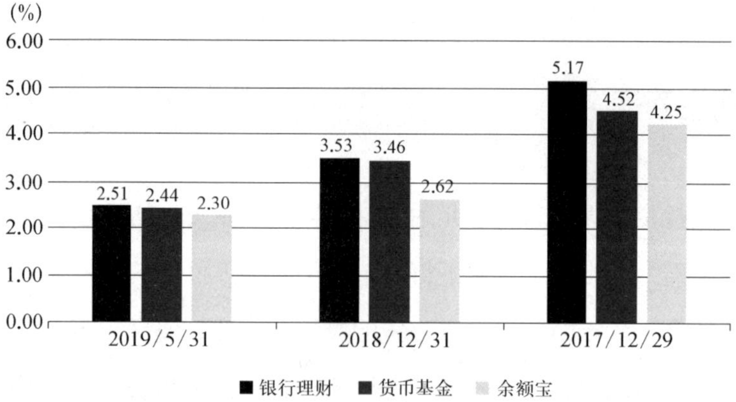

图3-1 银行理财、货币基金等工具的7日年化收益率均值比较[1]

银行存款

首先，银行存款是大家最熟悉，也是最普通的固收类金融产品，包括活期存款、定期存款以及大额存单等，安全性较高，但收益较低。例如，3年期的定期存款，收益率为3.30%，而同样是3年期的大额存单平均利率却是4.15%，超过“宝宝类”货币基金目前的平均收益率2.30%。相比定期存款，大额存单利率也要高很多。从投资的门槛来看，大额存款的起投金额为20万元，期限为3年和5年的大额存单平均利率都在4.1%以上。对于厌恶风险、追求稳定收益的个人投资者来说，如果家庭在短期内

[1] 图3-1资料来源：万得金融终端。

没有重大的开支，大额存单或许是一个不错的选择。

货币基金

在过去，货币基金以及其他开放式基金一般是按照T+2的模式，也就是指，基金的申购和赎回都需要两个工作日到账。但自从余额宝推出后，基本上实现了实时的申购与赎回，流动性可以比肩现金和活期储蓄，这便是“宝宝类”货币基金。

而我们这里要讲的是这些货币基金的资金流向，以天弘基金的余额宝为例，根据2018年半年报，基金总资产中接近62.42%又回流变成了银行存款和结算备付金，并且余额宝还有9.43%的钱投入到了债券。根据Wind对上半年公募基金的业绩统计显示，公募基金共盈利215亿元，其中货币基金、债券基金成为盈利的主要来源，以固收业务见长的银行系公募公司表现更好。

单独就余额宝讨论，可能大家更感兴趣。2013年，余额宝的横空出世让更多的人重新定义了理财，同时也启蒙了移动支付时代理财的新渠道。含着“金汤匙”出生的余额宝，一开始就光芒四射，在2013年6月份“钱荒”的日子，余额宝7日年化收益率曾接近7%，几乎秒杀了所有银行存款利率，用小说

《三体》里流行的一句话来说，那就是“三维打二维，完全不在同一个维度里面的竞争”。大家似乎在一夜之间醒悟了，原来除了银行以外，还可以把钱放在余额宝里，收益还是银行存款利率的好几倍，在这样的诱惑面前，出现了存款“搬家”。

为了方便大家理解，我们用网购爱好者小李的故事来举例。从2013年末至2014年初，小李一直把支付宝里的钱存入余额宝，且收益率持续高涨，基本保持在6%以上，甚至在2014年1月2日，余额宝7日年化收益率达到最高水平：6.763%，这令小李十分开心。

小李发现身边也有越来越多的人使用余额宝理财。实际上，根据天弘基金公布的数据，2018年底，余额宝总规模1.13万亿元，持有人户数为5.88亿人，其中超过99%的持有人是个人投资者，人均持有额度约为1 900元。

那是什么特性让余额宝如此受到大家的追捧呢？首先，小李发现即使是一些零碎的收入也能存入余额宝。这种小额、分散的特性实际上使得余额宝具有了天然的稳定性。同时，小李可以很方便地完成银行转账、还信用卡、消费支付甚至购买基金保险等金融产品的活动，大多数传统银行提供的金融服务余额宝都支持，这种傻瓜式的产品让小李觉得理财不再是一件困难的事情。

但是近两年小李发现余额宝平均7日年化收益率一路下降到了2.30%。为什么收益率会下降这么多呢？小李深究其中的原因，发现这与货币基金所配置的资产结构密切相关。在去年，证监会针对公募基金的流动性风险管理发布了最新规定，要求货币基金80%以上的资产要投资在现金、国债、中央银行票据、政策性金融债券以及5个交易日内到期的其他金融工具，简单地说，货币基金要提高资产组合整体的流动性，分散投资。

因此，余额宝基金的资产配置中，现金管理类资产的比例不断上升，那么基金在获得更大流动性的同时收益率会下降。投资的"三元悖论"告诉我们，收益、安全性、流动性，这三者是一个"永恒的三角形"，不可能同时实现。

自2019年以来，余额宝的收益率不断击穿它之前创造的"神话"，从破6%到破3%，直至步入了如今的低利率区间，并且余额宝的规模开始慢慢收缩，额度开始限售。在今后的一到两年内，余额宝以及互联网"宝宝类"产品维持2%～3%的收益率水平或许将成为常态。很多个人投资者或许在想，是否存在预期收益比余额宝高但风险依然相对较低的理财工具呢？

银行理财

自2004年，光大银行发行了第一只标准意义上的银行理财产品后，银行理财在我国已经发展了近15年，截至2018年8月末，银行非保本理财产品余额达到22.32万亿元。

在居民理财意识的萌芽阶段，银行的理财业务就初步形成了刚性兑付和资金池运作的模式，发展到后来，银行理财开始在表外业务投资非标资产，影子银行正式形成，这大大增加了银行的系统性风险，2016年底的“钱荒”“股债双杀”就是最直观的结果。

理财产品的种类有很多，过去常常根据产品本质简单分为三种：第一种是保本保收益型产品，虽然安全性比较高但收益率比较低，这种情况下理财资金一般流向货币市场或信托；第二种是保本浮动收益型，这类产品可以保本，但收益率有个浮动的范围，安全性方面不如保本保收益产品，一般挂钩汇率、国际黄金、国际原油、股票指数等或投资境外；第三种是非保本浮动收益型，这种产品安全性最差，但收益率往往最高，也是挂钩型和代客境外投资。

今年理财新规正式落地，22万亿元的银行理财市场开始转型。其主要内容是：

第一点，理财新规将单只公募理财产品的销售起点从5万元降至了1万元，这对广大个人投资者是一个大的利好，因为理财产品的门槛降低了，居民的投资渠道拓宽。

第二点，商业银行在销售理财产品时，不能再宣传产品的预期收益率，并且不能宣传或承诺保本保收益。这意味着什么呢？意味着以后我们在市场上不会见到有“保本”字样的理财产品了，所以大家以后在选择产品时要更加擦亮眼睛。

第三点，公募理财产品可以通过购买各类公募基金间接进入股市。在过去，公募基金只能投资债券和货币基金，不能投资股票，但是现在新规发布后，公募基金的规模会扩大，银行理财产品会更加丰富，投资者在多元化投资时的选择会增加。

第四点，打破了刚性兑付。刚性兑付是指，小李购买银行理财产品亏了钱，银行还是会用自有资金来补偿小李的本金和利息，这样对小李来说不存在风险。在过去多年里刚性兑付曾是银行理财最大的卖点之一，像小李一样的中国投资者已经习惯了刚性兑付和保本保息，而现在已经没有这样的“好事”了。

第五点，个人首次购买理财产品时，应在银行网点进行风险承受能力评估和面签。有机构曾经做过统计，90%的客户在购买银行理财产品时都没有仔细做过风险评估和看过理财说明书。这次的新规落地后，相信投资者在作决策时会变得更加慎重，作出对自己和家庭更负责任的投资决策。

在私募理财产品销售方面，理财新规引入了不少于24小时的投资冷静期。在冷静期内，如果投资者改变决定，银行应遵从投资者意愿，解除已签订的销售文件，并及时退还全部投资款项。值得指出的是，该冷静期要求只针对私募理财产品，不适用于公募理财产品。

以上对现金管理的各种工具进行了介绍，并且梳理了余额宝走过的路径，在银行理财产品不够丰富的时代，余额宝为投资者提供了一款较好的平衡收益率和流动性的现金类理财产品，但是随着余额宝以及互联网“宝宝类”产品收益的下降和规模的收缩，银行理财产品在现金类资产的理财表现上会更好，尤其是在理财新规落地后。目前，中国经济进入了新常态，投资者的理财观念同样也需要新常态。

投资 TIPs：

1. “现金为王”：在保证流动性的前提下获得一些收益。
2. 现金管理要学会比较7日年化收益率，3%～5%是合理范畴。
3. 今后一两年，余额宝以及互联网“宝宝类”产品或将维持2%～3%的收益率水平。
4. 资管新规后，目前银行理财收益性与安全性要稍好于其他现金类理财产品。

固定收益

这一节探讨固定收益类理财产品，不得不提及“信托”这一投资方式。近期以来，美股暴跌引发全球金融震荡，A股市场也受到了波及，人们投资股市的意愿不断降低，很多人谈股色变。对于绝大多数风险承受能力不高的普通投资者来说，固定收益类产品逐渐成了家庭资产的重要构成。

说到固收类理财，很多人会联想到债券。是的，债券是众多固收类产品的其中一种，我们可以把它理解为日常生活中的欠条，都是一种债权债务关系的证明。两者的本质区别在于发行主体不同，债券是由政府或企业面向公众发行，受到机构的严格监管，风险相对较低；而欠条是小范围的私下借贷行为，基本不受监管，面临较高的违约风险。

由政府或公司发行的债券对应的名称分别是国债和公司债。国债由国家发行，有国家的信用做背书，因此安全性很高，风险极低。国债的利率比银行同期存款要高，对于个人投资者来说，购买债券可以通过银行柜台和网上银行。如果你在上班途中看到银行外面在排很长的队，他们很可能是在抢购国债。很多人会有这样的观点：“国债收益率都跑不赢通胀”。虽然购买国债确实没跑赢印钞机，但却跑赢了如今绝大部分货币基金。表3-1列出了票面利率排名前20的国债。

表3-1 国债票面利率排名前20[1]

序号	证券代码	证券简称	票面利率（当期）（%）↓
1	9802.IB	98国债2	7.20
2	Z00057.00	98特别国债	7.20
3	Z00273.00	14凭证式国债04（5年）	5.41
4	Z00271.00	14凭证式国债03（5年）	5.41
5	141710.BC	14储蓄10	5.41
6	141708.BC	14储蓄08	5.41
7	141706.BC	14储蓄06	5.41
8	Z00277.00	15凭证式国债02（5年）	5.32
9	Z00275.00	15凭证式国债01（5年）	5.32
10	151702.BC	15储蓄02	5.32
11	130024.IB	13附息国债24	5.31
12	019324.SH	13国债24	5.31
13	101324.SZ	国债1324	5.31
14	130024.BC	13附息国债24（柜台）	5.31
15	151704.BC	15储蓄04	5.07
16	019325.SH	13国债25	5.05
17	130025.IB	13附息国债25	5.05
18	101325.SZ	国债1325	5.05
19	130025.BC	13附息国债25（柜台）	5.05
20	080013.IB	08国债13	4.94

[1] 表3-1资料来源：万得金融终端。

再看公司债，这就需要大家仔细地甄别。试想一下，如果有人向你借钱，你会什么都不问就借给他吗？肯定不会，因为你会考虑这个人日后的还款能力、个人信用如何。

前段时间，时常有这样的新闻标题出现在大众眼前："AAA级公司债闪崩！年内26起债券违约，涉及金额高达266亿元"。这里的AAA级公司债就是信用评级最高的公司债券。所以投资者在购买公司债时，除了看公司的基本面外，还要评估公司的偿债能力和信用风险。公司债的收益率一般要高于国债，因为投资者承担的风险更高。

机构投资者是公司债的主要投资主体，但个人投资者也还是有机会投资的，这在2018年发布的债券新规中也提到，其中投资者分为两类：公众投资者和合格投资者。这里提到了合格投资者，怎样才算是合格投资者呢？明确定义为：对个人来说，合格投资者需要前20个交易日的金融资产日均500万元，或者最近3年年均收入50万元，并且有2年的投资经验。设定合格投资者的门槛不是为了把投资者挡在外面，而是要尽可能地避免盲目投资和非理性投资。

在债券投资方面，公众投资者与合格投资者都可以投资公开发行的AAA级债券，但合格投资者（个人）还可以投资AAA级私募债。

债券基金

债券基金是以债券为投资对象的投资基金，其中80%以上的基金资产投资于债券，是典型的固定收益类理财产品。尽管A股市场自2018年初以来持续震荡，但债券基金的表现开始慢慢稳定，银河证券数据显示，截至2018年9月28日，债券基金年内平均收益率达2.64%，相比股市的动荡，债券基金为个人投资者提供了相对稳定的回报率。

类固定收益理财

我们谈到的国债和银行存款，是以国家和银行信用兜底的产品，可以说相对风险较小。但接下来谈到的银行理财和信托，在资管新规颁布后，将不能算是真正的固定收益产品了，虽然它们的特性和固收类产品类似，但是已经没有信用兜底，只能由投资者个人或者企业去承担风险，无法保本保息。

过去银行发行的理财产品，安全性较好，但随着刚性兑付被打破，银行不再保本保息，银行理财产品开始向净值化转型，个人投资者面临的风险加大。现在，很多银行理财产品已对标公募基金的运作模式，理财产品“公募化”，在固定收益方向像公募基金一样配置债券。随着银行理财产品门槛的降低，对于广大个人投资者来说，也是资产配置的方向之一。

信托

长期以来，高净值人群一直是信托理财产品最重要的投资者。资管新规后，信托市场上的类固收信托受到无数投资者的追捧，甚至还一度出现了供不应求，甚至到需要摇号的局面，这是什么原因呢?

原因主要是股票和房地产市场低迷引发的资金回流，目前没有更好的投资渠道，并且信托产品的预期收益相对较高。下面我们来看一下信托产品的主要特性。

信托产品是信托公司发行的高端理财产品，投资门槛较高，一般认购金额为100万元起，普通投资者很难参与。信托的投资期限一般在1～2年，与银行理财相比收益率更高，一般年收益率在8%～11%，属于中等风险产品。

一般信托产品往往是投资企业债券等产品，担保措施比较到位，但也存在违约风险。投资者在购买时要注意看清产品的投资方向，选择那些“借款人”实力比较强的信托理财产品。

随着中国的中产阶级和高净值群体的壮大，人们对财富保值增值的需求加大，因此类固收信托产品引起大家的追捧也就不足为奇了。

第三方理财机构

近年来兴起的第三方理财机构，最开始是作为信托产品的一个销售渠道，现在也逐步成为国内高净值客户理财的重要选择。它们更像是一个装满各类理财产品的大超市，投资者可以从中自行选择。

其中，“货架”上的理财产品都是第三方理财机构与银行、信托等机构合作推出的，产品种类的集合会给投资者更多的选择。但是随着资管新规下信托机构业务的收窄，第三方财富管理机构也面临着转型，很多第三方财富管理机构都开始运用人工智能、大数据等金融科技手段来实现服务创新。

本节主要向大家介绍了传统固定收益类产品以及如今的类固定收益产品。在传统固收类方面，大家可以选择的产品有很多，比如银行存款、大额存单、国债、货币基金、公开发行的AAA级公司债、债券基金等，除此之外，合格投资者还可以投资AAA级私募债。

在进行产品选择和机构选择时，个人投资者要根据自身的风险偏好和投资期限进行合理的选择。最后提醒一下大家，固收类理财跟其他理财产品本质上是相同的，那就是收益越高，风险也就越大。从国内环境看，对于年化收益率超过5%的理财产品，大家都应该要小心谨慎决策，因为在没有保本保息的投资大环境下，安全、稳健的投资标的才能帮助大家获得稳定的预期收益。

投资TIPs：

1. 投资类固定收益理财一定要明确底层资产，否则难以控制风险。
2. 类固收理财跟其他理财产品本质上是相同的，收益越高，风险越大。
3. 国家信用是国债的担保，因此安全性较高，适合风险容忍度较低的投资者。
4. 债券基金提供了相对较为稳定的回报率，个人投资者可以将专业的事交给专业的人来做。

第4章

权益类投资

基金赚钱还是股票赚钱

权益类投资，或者通俗地说股票投资，是投资里怎么也绕不开的话题。本篇开始，我们就来讲讲权益类投资。

权益类投资通常有两种方式，一种是直接在股票市场里进行买卖，一种是通过基金来进行间接投资。这两种方式究竟哪种更赚钱呢?

开始比较前，我们先来看一个故事。

有两位很有钱的大富豪，其中一位还曾当上过中国的首富，他们曾经不约而同看中同一家上市公司，各自投资了上百亿元。这两位大富豪花百亿元炒股，各种分析调研肯定是下足了功夫，你是不是觉得他们肯定能赚一大笔？可是，结果却恰恰相反，他们不仅没赚到钱，甚至还赔了不少钱，其中一位大富豪开新闻发布会时哭得稀里哗啦，另外一位惹上官司成了被告。

大家或许都猜到了，这两位大富豪，一位是孙宏斌，另外一位是许家印，他们先后投资的上市公司是乐视网。

看了这个首富炒股的故事，大部分投资者都会陷入沉思，如果连首富炒股都亏钱，那普通投资者通过炒股暴富可能更是一种奢望了吧？事实确是如此，我国股市长期存在着“一赢二平七亏”的现象，大部分的投资者炒股都是亏的。那为什么还有那么多人去炒股呢？因为赚钱的虽然是少数，但是投资者亏损往往不会说，偶尔赚钱的信息则会被无限放大，形成了炒股赚钱似乎很容易的假象，其实不然。

我们总结了普通投资者炒股很难赚钱的原因，主要有以下这几点。

1. 喜欢听故事和消息

股票价格的涨跌理论上是取决于这家公司的盈利能力的。简单来说，这家公司要能赚钱股价才会上涨，不赚钱的公司股价上涨是无法持续的。然而很多普通投资者其实是不作分析的，不少投资者连财报都看不懂，他们往往喜欢听小道消息或所谓的内幕消息来炒股，恰恰被割了“韭菜”，成了“接盘侠”深套其中。

2. 持股集中

大部分的投资者由于资金不多，据统计超过八成的投资者资金量少于10万元，导致这些投资者最多只能持有3～5只股票，甚至大部分投资者只有1～2只股票，集中持仓的风险很高。万一碰到投资的公司出现波动，集中持仓很容易出现大幅亏损，例如，你也买了“乐视网”，从最高点下来亏损超过90%，就是你投资10万元，今天只剩下1万元不到；而一旦碰到“黑天鹅”事件，如买了“长生生物”这样被强制退市的公司，那么亏损基本就是接近100%。

3. 追涨杀跌

普通投资者的心态往往是买涨不买跌，股票越涨越买，常常一买就买在了山顶；一旦碰到下跌，割肉也很果断，最终造成了“高吸低抛”，与低买高卖的赚钱原理背道而驰。

我们再来看一下基金。对于普通投资者而言，基金主要是指公募基金，在美国等其他地区，也称为共同基金（mutual fund），是一种利益共享、风险共担的集合投资方式。

自1998年3月我国第一家公募基金公司国泰基金诞生起，我国基金业经历了蓬勃的发展。基金公司数量从1998年的6家增长到了2018年的130家，基金产品数量从最初的27只到现在的5 600余只，管理规模也从最初的104亿元到现在的13多万亿元（见图4–1）。

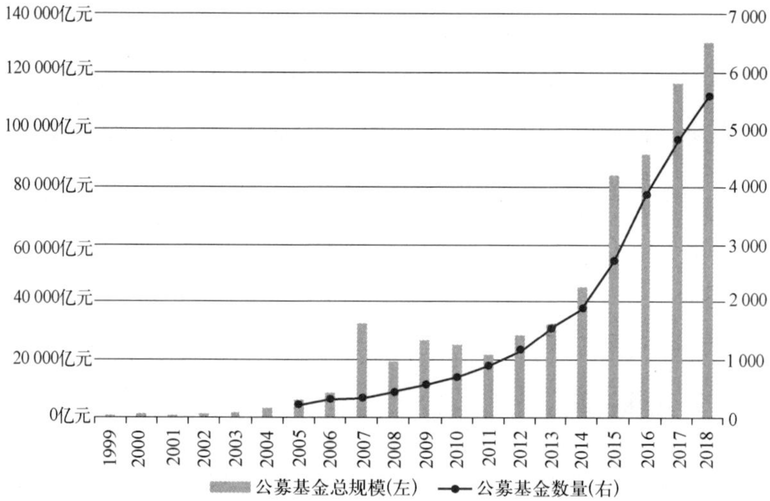

图4-1　我国公募基金数量与规模❶

公募基金主要有如下几个特点：

（1）公开募集，渠道广泛。公募基金的募集对象是广大社会公众，任何人都可以参与投资。投资者在银行、券商以及一些线上代理机构等正规渠道都可以进行申购，各个基金公司也都有自己的线上直营渠道，非常便利。

（2）门槛较低。一般而言，首次购买公募基金的起点是1 000元，几乎没有什么门槛，有些公募基金的起点更低，甚至10元都可以进行投资，所以很适合普通投资者投资。

---

❶ 图4-1资料来源：Wind，中欧财富管理研究中心。

（3）专业管理。专业的人做专业的事，基金经理一般是国内外最顶尖学校相关专业的研究生毕业，经过5年以上专业研究分析的训练，每天超过10个小时进行产品和市场的研究分析，投资能力相比普通投资者专业很多。

（4）组合投资，分散风险。基金持仓相对分散，以股票基金为例，一般都会在30只股票以上，投资基金相当于投资几十只的股票，风险也就比较分散，收益较为平均和稳定。此外，根据监管部门规定，最多的一只个股不能持仓超过10%，所以即使个股跌停对整体的影响也不会超过1%。

（5）信息透明。正常情况下，公募基金每天会公布基金净值，投资者对于自己所投资基金的收益表现可以有比较清楚的了解；而且公募基金每季度都有公开的季报来公布具体持仓等信息，一旦有市场情况也会及时进行公告，信息对投资者的披露充分透明。

我们知道基金有很多分类，如从投资对象来分，基金可以分为货币基金、债券基金、股票基金、混合基金等。既然要和股票来进行比较，针对的肯定是股票基金和偏股型的混合基金。

股票基金的标的是股票市场，持有股票的仓位不能低于80%，具有一定投资风险，收益随股市的波动而波动。

混合基金是指可以同时投资于股票、债券、货币等多种标的的基金，没有特定的投资方向。根据投资比例混合基金可进一步细分，如偏股型基金（股票配置比例在50% ～ 70%，债券比例在20% ～ 40%）、偏债型基金（与偏股型基金正好相反）、平衡型基金（股票、债券比例比较平均，大致在40% ～ 60%）等。

究竟是买股票基金还是直接买股票更赚钱呢？

我们决定直接让数据来说话，为此，我们进行了一个统计，比较了2011年以来所有股票基金年度涨跌幅的中位数以及所有个股年度涨跌幅的中位数，如表4-1所示。在表中我们可以很清楚地看到，股票仅在2013年和2015年两个年份跑赢基金，其他6年都是基金跑赢股票，基金的胜率高达75%。特别是经历了上一轮的暴涨和股灾之后，基金已经连续跑赢了最近三个年度，明显表现出抗跌的属性。尤其值得注意的是2017年，在股票收益大面积亏损，收益中位数仅仅为-16.84%的情况下，基金依旧取得了11.86%的正收益，实属难能可贵。

表4-1　2011年以来股票与基金年度涨跌幅统计[1]

年　度	基金涨跌幅中位数	股票涨跌幅中位数
2011	-22.58%	-33.29%
2012	6.07%	-2.72%

[1] 表4-1资料来源：Wind，中欧财富管理研究中心。

（续表）

年　度	基金涨跌幅中位数	股票涨跌幅中位数
2013	−3.15%	16.75%
2014	37.97%	37.87%
2015	17.54%	67.06%
2016	−10.05%	−12.35%
2017	11.86%	−16.84%
2018	−24.84%	−33.43%

看完收益，我们再来对比一下基金和股票的风险。这可以通过计算年度收益的标准差来得出。还是看上述8个年度，基金收益的标准差是21.19%，股票收益的标准差是35.48%，差距还是很明显的。这也说明了基金的收益更为稳定，或者说不确定性的风险更小。

看了上述统计，相信结论已经不言自明。对绝大部分的投资者而言，买基金要比炒股更赚钱!

然而可能有人还会问基金既然比股票好，为什么不能每年都跑赢股票呢？2013年和2015年股票是怎么大幅跑赢基金的？我们试着解答一下。股票市场中绝大多数还是中小市值股票；但基金出于自身稳健性的考虑，以选择大市值股票为主。所以，一旦中小市值股票和大市值股票走势相差悬殊的时候，股票就有可能跑赢基金。具体来看，2013年是中小创业板的局部牛市，我们以创业板指数为例，当年其大涨82.73%，作为对比，代表大市值股票的沪深300指数同期的涨幅是-7.65%。2015年则是上半段牛市下半段回调，当年创业板虽有大幅回调但仍创下84.41%的涨幅，而沪深300则几乎回吐了当期的全部涨幅，仅仅涨了5.58%。

既然基金比股票更适合投资，投资者应该怎么选择基金呢?

选基金其实并不复杂，首先当然应该根据我们自身的资产配置目标选择合适的基金分类和比例，这个可以参考我们之前的论述。然后，我们可以在这个分类下选择业界评价较高的基金产品，通常业界会定期举办一些评奖活动。例如，可以参考每年《中国证券报》主办的“中国基金业金牛奖”评选活动，这一奖项受到基金行业和基金监管层的广泛认可。“金牛奖”的单只基金奖项分为“五年期持续优胜金牛基金”“三年期持续优胜金牛基金”与“年度金牛基金”，投资者们可以根据自己的投资期限从获奖基金中进行挑选，这应该是一种简单而靠谱的方法。

投资TIPs：

1. 对绝大多数投资者而言，基金比股票更适合投资。
2. 具体选择基金可以参考业界评奖，如“中国基金业金牛奖”等。
3. 如果投资者对基金公司或产品排名有刚需，建议选择排名前15%的产品或基金公司。

指数投资与ETF

A股市场的投资者肯定听过这样一句话，叫作“赚了指数不赚钱”，因为投资者们总企图找到能够跑赢市场的黑马，却又常常马失前蹄，被市场打败。

该如何应对这种“赚了指数不赚钱”的现象呢？被全世界奉为“股神”的巴菲特早就告诉了我们答案，他曾多次在公众场合忠告普通投资者进行指数投资。2017年3月，巴菲特致股东信中这么写道：“如果要竖立一座雕像，用来纪念为美国投资者做出最大贡献的人，那么毫无疑问应该选择约翰·博格（John Bogle）。”而这里所提到的约翰·博格，就是“指数投资之父”。

指数投资是什么？简而言之就是以复制指数构成的方式来管理投资组合。指数投资于20世纪70年代在美国兴起，特别是90年代，ETF产品的出现导致了指数化投资在全球市场蓬勃发展。作为一种被动式的投资方式，指数投资与主动式投资方式的根本差别，在于它完全不进行选股，纯粹按照指数样本股票的组合进行投资，将选择股票的权利交给指数编制机构。但从另一个角度来说，最终选择股票的权利其实并非交给了指数编制机构，实质上是交给了市场。在透明化的指数选样标准下，股票进出指数样本股票组合实际上是市场综合力量推动的结果，是“无形的手”在发挥作用。从这种意义上讲，选择覆盖率较高的市场指数进行投资，其核心理念就是以被动方式分享市场收益（beta）并承担市场风险，这类似于中国传统哲学中无为而治的道家思想。

指数投资的特点和优势在于投资风险分散化、投资成本低廉、追求长期收益和投资组合透明化。首先，相对于投资单一或者少数几只股票，指数所覆盖的股票少则几十只多则上千只，覆盖面的提高降低了投资组合总体的相关性，风险能够得到有效的分散。其次，投资指数是一种被动性的投资，相较于主动性投资，被动型投资产品的管理费用、托管费用等通常较低，因为被动型投资无须主动调整投资组合，周转率低，节省了大量的研究费用和交易成本。再则，从长期来看，指数的涨幅并不低，远胜于大部分股票与基金，加之其波动性小，适合追求长期收益的投资者。最后，指数是由指数编制机构编制并定期发布的，投资组合对所有人都是透明的，有效地减少了信息不对称所带来的负面影响。

那么，指数投资有哪些方式呢？投资于普通的开放式指数型基金是其中的一种，而目前广泛被投资者接受并采用的则是ETF。

ETF（exchange traded funds），中文全称是“交易型开放式指数投资基金”或者“交易所交易基金”。ETF是一种特殊的开放式指数基金，通过复制标的指数成分来构建跟踪指数变化的投资组合，以实现与标的指数相同的投资收益。它结合了封闭式基金和开放式基金的运作特点，投资者既可以一篮子股票换取基金份额或以基金份额换回一篮子股票的方式向基金管理公司进行申购或者赎回，又可以像封闭式基金一样在二级市场上按市场价格进行买卖。

ETF最早出现在20世纪90年代的北美市场，经过20多年的发展，ETF已经逐渐成为金融市场不可或缺的指数投资工具。特别是2008年金融危机以来，在全球金融市场波动加剧、风险增大的背景下，ETF更加受到市场青睐，大量资金从传统的主动管理基金退出，转而流入费率更低的ETF，导致ETF资金规模快速扩张，全球ETF的规模从2009年的1.1万亿美元增长到2018年的4.7万亿美元，10年时间就暴涨了过4倍。

ETF作为一种特殊的指数型投资产品，除了具有指数型产品所共有的投资分散、高度透明等优势外，还有一些由其交易方式的特殊性带来的特有优势。

（1）ETF的跟踪误差更小。与普通的指数基金相比，由于ETF采用一篮子股票的申购赎回模式，现金留存比例更少，能够比普通指数基金提高5%的资金使用比例，从而跟踪误差也比普通指数基金更低。

（2）ETF的运作透明度更高。ETF是追踪某一标的指数的被动型投资工具，其投资组合非常透明。并且在每个交易日，ETF都会公布申购赎回清单。通过清单，投资者可以了解上一交易日基金持仓股票名称、股票数量、现金差额等相关内容，这一点无论是封闭式基金还是开放式基金都是无法满足的。

（3）ETF交易成本更低。由于ETF是采用实物申购赎回机制，避免了市场的冲击成本，且进一步降低了交易费用，使得ETF的费率相对于费率较低的传统指数基金也要更低。一般情况下，ETF的管理费率为0.5%，托管费率为0.1%，一级市场申购赎回的费用不超过0.5%，二级市场的交易费用不超过0.3%，免印花税。

（4）ETF交易便利性更高，流动性更好。ETF的交易结合了股票交易的特性，可以在二级市场直接进行买卖并享有股票市场各种灵活的交易机制。而且ETF的基金份额参考净值（indicative optimized portfolio value，IOPV）一般每15秒就更新一次，让投资者能够随时掌握基金价值变动，并以贴近基金净值的价格买卖，提高了ETF的流动性。

（5）ETF折溢价率小。相比其他二级市场交易的封闭式基金和上市型开放式基金（listed open-ended fund，LOF），ETF的特殊交易机制使其能够利用一、二级市场的差价进行套利。ETF的套利机制使其市场价格围绕基金份额净值波动，折溢价始终保持在合理水平，不会出现大的偏离。

2004年12月，我国首只ETF产品上证50ETF（510050.SH）设立，标志着国内ETF产品的正式推出。经过十几年的发展，我国ETF市场已经取得了巨大的成就，交易制度得到不断的完善，资产规模、数量都有了明显的增长，ETF种类也逐渐增多，不再局限于股票ETF一种。截至2018年底，在沪深两地交易所挂牌上市的ETF的数量共199只，投资标的涵盖了股票、债券、货币、商品等多种类型，资产总规模逾5 000亿元，累计成交近10万亿元（见图4–2）。

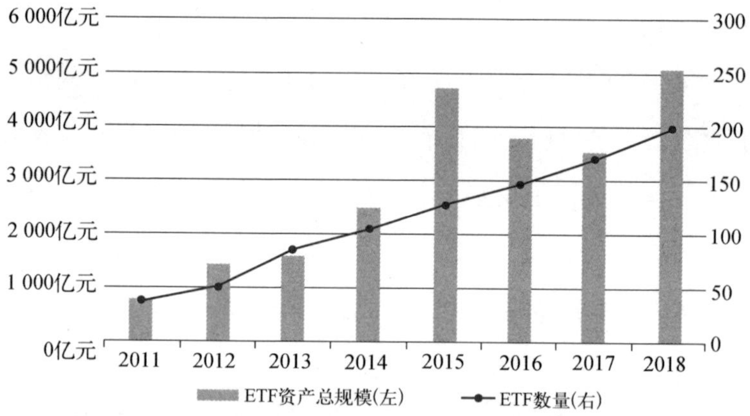

图4–2 我国ETF数量与规模[1]

股票ETF依然是资产规模最大的品种，资产总规模逾3 000亿元，成为投资各类股票指数的首选。其中，跟踪上证50指数的50ETF目前仍是最大的股票ETF，资产规模逾450亿元，2018年累计成交逾4 000亿元；跟踪沪深300、中证500、创业板等几大核心指数的300ETF（510300.SH）、500ETF（510500.SH）、创业板ETF（159915.SZ）紧随其后，形成了股票ETF市场的第一梯队。

债券ETF是以债券类指数为跟踪标的的ETF。由于我国目前交易所债券市场交易不够活跃，投资者灵活配置债券类

---

[1] 图4–2资料来源：Wind，中欧财富管理研究中心。

资产较难满足，而通过投资债券ETF，投资者则可以方便地实现对一篮子债券的投资。例如，目前成交最为活跃的国债ETF（511010.SH）就是跟踪一篮子距到期日5年左右的国债。

货币ETF目前仅在资产规模上次于股票ETF，成交量上甚至已经超过了股票ETF，这取决于其主要作为现金管理工具使用的特点。它类似于普通的货币基金，除了具有安全性高、流动性强等优势，同时ETF在交易机制上实现了“T+0”交易，支取更为灵活。货币ETF采用全额现金替代的方式，投资者用现金就可以直接申购货币ETF份额。华宝添益（511990.SH）是目前资产规模与成交量最高的ETF，日均成交逾百亿元。

此外还有商品ETF。我国目前的商品ETF以黄金等贵金属为主，黄金ETF（518880.SH）是其中最为活跃的品种。

除了上述类型，近些年还诞生了跨境ETF。它是指以境外资本市场指数为跟踪标的在国内证券交易所上市的ETF。在经济全球化的大背景下，投资者进行全球化资产配置的需求也在不断增加，跨境ETF满足了投资者的这一需求，进一步促进了我国金融市场的国际化。H股ETF（510900.SH）就是跟踪我国香港市场的恒生国企指数，此外还有投资美国、日本及德国市场指数的ETF品种，正可谓足不出户，投遍全球。

投资 TIPs：

1. 指数投资是一种风险分散、成本低廉、组合透明的投资方式。
2. ETF 是一种跟踪误差更小、交易成本更低、流动性更好的指数投资。
3. 核心指数类 ETF 成交量大、流动性好，是主要的指数投资工具。
4. 跨境 ETF 可以作为境外市场资产配置的主要工具。

基金定投的逻辑

我们在前面给大家介绍了基金和ETF（指数）两类投资工具，也简单介绍了该如何从中挑选合适的产品，也就是旨在解决一般所说的“择股（基）”的问题。

而投资通常还有一类问题需要解决，那就是“择时”的问题。而且往往“择时”问题比“择股（基）”问题更难解决，毕竟挑选基金或者指数还可以通过观察历史业绩，我们都相信“学霸”是不会很快就沦为“学渣”的；然而入市时点，这真的可能是一次“随机漫步”。

“择时”问题真的不能解决吗？基金定投可能是一种可以在一定程度上解决“择时”问题的方法。

我们还是先来了解一下什么是基金定投。这里的“定”有两个意思，一个是定期，一个是定额。定期是指每次发生投资行为的时间固定，定额是指每次用于投资目标产品的金额固定。也就是说，“基金定投”指的是在固定的时间投入固定的金额到某个基金产品中。按照这个概念，定投基金可以按天、按周、按月、按年定投，实际上按周和按月比较常见，这种投资的风格有点类似于银行提供的零存整取业务。

此外，定期投资还隐含了“分次”的概念，即投资者的资金不是一次性地全部投资目标产品的。不过即使在投资者现金流收入并不稳定，而是持有一定数额的本金的情况下，也可以采取定期分批次投资的策略。

基金定投的方法其实很简单，只要是可以购买基金的渠道，不论是银行、券商、线上代理机构或者基金公司自己的直营渠道，都可以在第一次购买时选择定投，然后配置好定投的日期以及金额，之后都是会定期自动扣款的。

基金定投有哪些优点呢?

首先，分次定期定额进行基金投资的最大优势是能够降低购买资产的平均成本。这个是有理论依据的。对比在一段时间内分别进行一次性投资和定期定额投资，进行一次性投资的时间点可能是这段时间上的任意一点，由此我们可以知道一次性投资的成本的数学期望是这段时间内所有价格的平均，或者说算术平均；而采取定期定额投资，由于每期的投入金额相同，每期投资的权重则相当于当时价格的倒数，因此，总的成本相当于所有价格的调和平均。在数学上我们知道，任意正实数的调和平均总是不大于算术平均的，所以定投的成本会低于一次性投资。

数学原理可能有人会觉得高深，市场的走势大家一定更为熟悉。市场在下跌时，投资者如果坚持基金定投，等到市场上涨后赎回，那么投资者的获利结果就会优于指数表现，定投策略的收益率曲线会形成一条两头朝上的弧形，弧线的形状就像人们微笑的样子，这就是基金定投的“微笑曲线”。

我们以2018年初至2019年2月底的上证指数走势为例来看看什么是微笑曲线。2018年上证指数经历了一整年的下跌，2019年初上证指数虽然开始有所反弹，不过到了2月份指数相较2018年初还有逾12%的跌幅。但是，如果坚持定投的话，这个时候收益率就已经回正，整根收益率曲线就像一个“微笑”（见图4–3）。

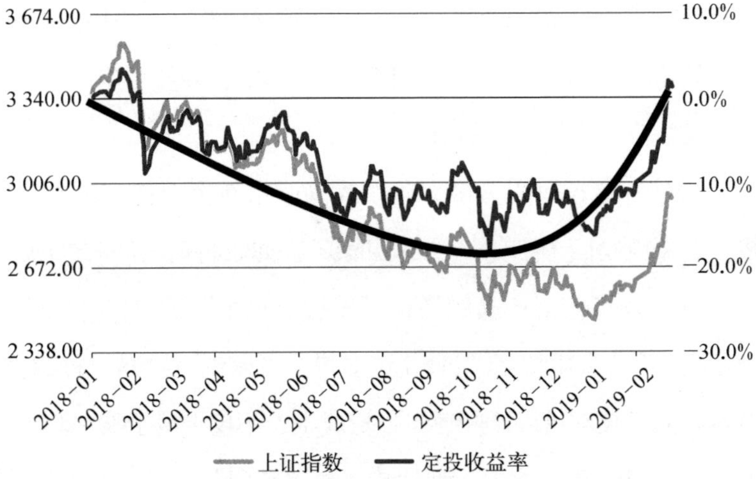

图 4-3 微笑曲线[❶]

所以，基金定投的精髓是越跌越买，因为下跌行情中基金定投可以平滑整体投资成本。

其次，定投基金降低了对市场择时能力的要求，也就是解决我们开篇所说的择时问题。低买高卖是投资获益的原则，可对于大多数普通投资者来说，找到那个市场最低点是非常难的。华尔街有经验的投资者都很少有机会准确找到这个点位，无怪乎人们形容“要在市场中准确地踩点入市，比在空中接住一把正在落下的飞刀更难”。但是基金定投却可以做到让广大投资者

❶ 图 4-3 资料来源：Wind，中欧财富管理研究中心。

不必花很多时间和精力去寻找市场最低点，而以一个相对较低的平均价格买到基金，这就简化了择时问题，降低了购买难度，同时又提高了市场资金的流动率。

另外，定投可以分散风险。我国股市有个很特别的现象，概括起来就是四个字——“牛短熊长”。如果将鸡蛋都放进同一个篮子，只买一个产品的话，不仅被“套牢”的风险非常大，被“套牢”的时间也会很长，这对投资者来说无疑是一种精神折磨。而定投却可以不断摊平投资成本，不仅平滑了被“套牢”的程度，也让每一次投入都让成本离“解套”更近了一步，就像我们在“微笑曲线”上看到的那样，最大跌幅仅有指数最大跌幅的一半左右。而当牛市到来时，定投收益率相比于一次性投入就会高出很多，这样风险就明显小于一次性大规模投资。

基金定投是一种中长期稳健投资工具，它的目标人群主要有以下四类。

第一类是对未来资产有明确规划的投资者。通常这笔规划资金需求金额较大，投资者通常的现金流无法一次性满足，需要通过一定时间的积累，定投就是一种帮助投资者完成这一资本积累的方法。例如，投资者筹划未来有固定用处的钱，如买车、买房、旅游的钱；或者是防止未来发生风险事件的钱，如个人养老、失业等。

第二类是风险承受能力弱，对市场恐慌的投资者。一些投资者心理承受压力较弱，害怕承担风险，而基金定投恰好可以平滑收益率，不仅能降低被“套牢”程度还能减少被“套牢”时间。

第三类是那些没有时间理财或者缺乏专业理财知识的人，比如公司白领、企业高管等，通过基金定投不仅解决了他们投资上的择时问题，还大大提升了他们的闲置资金利用率。

第四类是那些对储蓄有强制需求的人。定期投入不仅可以帮助他们形成良好的储蓄习惯，取得的收益也会比简单地放银行储蓄要高。

投资者在进行基金定投时应该注意什么？这里再给大家几个建议。

首先是要坚持自己的定投计划。定投基金是一项中长期的投资，通常不适合短线玩家，最好能够持续3年以上。当市场波动剧烈时（如2008年金融危机），投资者更应坚定信心，按计划行事，因为日后市场调整回升时，成本平摊的效应才更明显。

其次是挑选投资风格一致的定投基金。虽然定投基金有平摊成本和分散风险的好处，但是这不意味着所有的定投基金都符合这一特点。如果挑选的基金风格经常切换的话，平滑收益率也就变得没有意义了。我们前两篇文章所介绍的业界获奖基金或者指数ETF就是很好的定投基金品种。

第三是及早投资。投资时间越长，定投基金的成本平摊和复利效果越明显。如果投资者的目标理财期是中长期（5～20年）的，定投就可以选择波动性更高的基金，定投相比一次性投资的优势就更明显，最终的基金定投收益率也会更高。假如仅仅打算进行1～2年的短期投资，投资者就不能选择波动性较高的基金了，这时选择业绩稳定的基金更为合适。

最重要的是一定要量力而行，或者说合理进行资产配置。投资者应该估计一下自己每月会留下多少闲钱，倘若每次定投的扣款比重太大，万一遇上紧急事件时，流动性就是个问题了。

投资TIPs：

1. 无论是基金投资还是指数投资，定投是适合大多数人的“择时”方法。
2. 基金定投可以降低投资的平均成本、平滑收益率。
3. 基金定投要坚持投资、及早投资，但也要量力而行。

可转债是股票还是债券

介绍完“择股（基）”和“择时”的问题，我们再来看一下这两年市场上的一个热门品种——可转债。

可转债并不是这两年才诞生的，第一只可转债“宝安转债”1992年就发行了，不过可转债市场一直不温不火。然而随着2017年再融资新规的发布，这个名字一下子火了起来，发行数量呈现井喷式发展（见图4-4）。

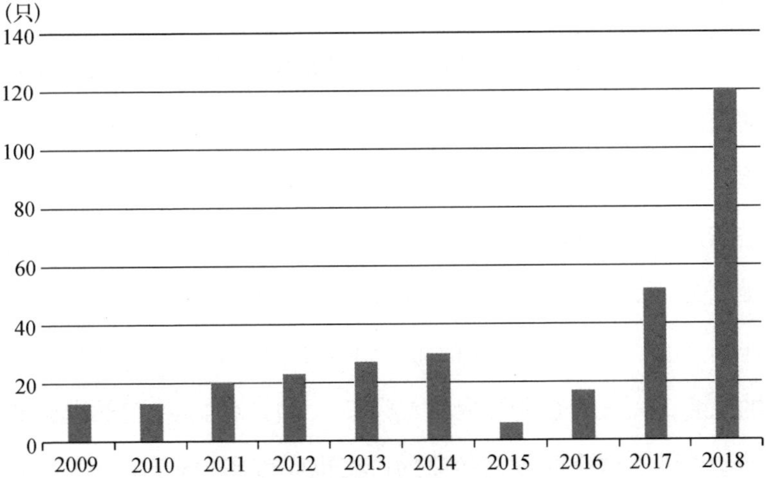

图4-4 可转债存管数量[1]

[1] 图4-4资料来源：Wind，中欧财富管理研究中心。

这个听名字好像是债，但又能换成股票的可转债，到底应该算是股票还是债券呢?

回答这个问题前我们还是先来了解到底什么是可转债。可转债是可转换公司债券的简称，顾名思义，它首先是一种公司债券，定期支付约定的利息，到期归还本金，这点跟一般的债券没有什么区别；但它可以在特定时间以约定价格将债券转换成对应的公司股票。这个价格会在发行时约定，比如20元，进入转股期后每张可转债（100元面值）就可以对应这个价格换成5股股票，换股的数量是不会随着上市公司股票价格的上涨或下跌而发生改变的。

正是这一机制让可转债可以跟随股票一起上涨，我们接着前面的例子，股票价格上涨到了25元，可转债可以换成5股股票并以每股25元的价格卖出，总共获得125元。要是可转债还是按照面值100元进行交易的话，每一笔买入并换股操作就能赚到25元，而且几乎没有风险，这样的操作有个专有名词叫作套利。当然，这种套利的机会不太会发生，即使出现了这样的机会，大量的套利资金涌入购买，可转债的价格自然也会被推动上涨，这个时候可转债的价格也应该在125元附近，从而抹平套利机会。这就是可转债为什么可以跟着股票一起上涨的逻辑。

那可转债是不是会跟随股票一起下跌呢？还是拿这个例子来说，不过股价不是上涨而是下跌到了15元，那么可转债换成股票的话，价值只有75元，可转债会跌至75元附近吗？答案是不会的。别忘了，可转债还有一重身份是债券，它可以按照规定的利率和期限收取本金和利息，可以通过折现的方式来计算这个债券现在的价值。债券现金流折现的利率通常按照债券信用等级和期限来确定的，根据上市公司的信用等级和债券期限可以推断出其发行的债券价值，假设是90元，如果可转债真的跌至75元，我们可以以75元的价格买入可转债并且持有到期，从而就能获得一个远高于该等级债券的到期收益率。这对债券投资者来说同样也是套利的机会，相当于可以便宜15元买入债券。所以，这部分由债券性质赋予的价值一般称为债底，从名字就可以知道，通常它意味着可转债价格的底线。当然，只有在债底价格附近才会有这样的保护，要是股价从30元跌到25元，也就是对应的转股价值从150元跌到125元的时候，离债底价格还很遥远，起不到保护的作用，这个时候股票下跌了，可转债自然也会跟着下跌。

有了债底的保护，当股票大幅下跌发生了腰斩甚至跌到更低的时候，可转债的价格也不会大跌，只会跌到债底价格的附近；反而当股票上涨的时候，可转债由于可以随时转换成股票，基本会保持同步的上涨幅度。

其实，可转债是一种金融衍生品，它由债券与转股期权结合而成。转股期权可以看作是一个认购期权（call option），期权的执行价就是可转债的转股价，它的期限与转股期限相同。这样，一个简单的可转债就相当于一份债券加上一定数量认购期权，这个数量也就是转股数。

一般可转债还会有回购、回售等一些附加条款，同样也可以对应成期权。比如回购，也称赎回，是赋予可转债发行人的一项权利，发行人可以在满足一定条件后，一般是股价上涨超过某一阈值一段时间后，按照债券面值加上应计利息来买回所有在外发行的可转债。这同样可以看成是一个认购期权，不过这个权利是上市公司的，投资者在这里相当于这个期权的卖出方。而回售与回购恰恰相反，持有人可以在满足一定条件后，一般是股价下跌超过某一阈值一段时间后，按照债券面值加上应计利息把可转债卖回给发行人，可以看成是持有人拥有一个认沽期权（put option）。

这些附加的条款最终使得可转债成为一个债券与一组复合期权相结合而形成的复杂的金融衍生品。可转债的价值也就相当于债券的价值与一组期权价值之和，当然这组期权中最显著的是转股期权。

此外，一般可以用债券价值和转股期权价值的比值，或者债券溢价率来衡量可转债与其债底之间的偏差，或者说可转债的债性特征。比如某可转债现在的价格是108，而根据计算它的债底价值是90，那它的债券溢价率就是（108−90）/90=20%。债券溢价率较高表明可转债蕴含的转股期权价值较大，投资者的转股意愿较强，对应的也就是可转债的债性较弱；反之，债券溢价率较低，转股期权价值较低，可转债的债性就较强。一般来说，牛市行情中，债券溢价率较高，可转债的债性较弱；熊市行情中，债券溢价率回到较低水平，可转债的债性较强。

除了债券溢价率，我们还可以用转股溢价率来衡量可转债的股性特征。可转债的转股数量与股票的市价的乘积称为转股平价，代表着可转债全部转换成股票时的价值。可转债的价格与其平价的比值就是转股溢价率，比如某可转债现在的价格是108，每份可转债可以转换成5股现价为20元的股票（平价为20×5=100），那它的转股溢价率就是（108−100）/100=8%。转股溢价率越高，转股的可能性就越低，可转债的股性就越弱；转股溢价率越低，转股的可能性就越高，可转债的股性就越强。通常，牛市行情中转股溢价率会保持较低水平，而熊市行情中转股溢价率会保持较高水平。

所以，通常意义上可转债牛市像股、熊市像债的理解基本上是对的。我们还有一个有趣的数据，可转债与股票的相关系数大约是0.7，与债券的相关系数却仅有0.1，也就是说可转债很大程度上是更接近于股票的。所以，投资可转债很大程度上还是相当于投资其背后的股票，毕竟历史上也是绝大部分可转债都在债券到期前通过转股等方式退出了市场。

说完可转债，市场上另外有个产品也不得不提，那就是可交换债。可交换债可以算作是可转债的近亲，与可转债一样也是在一定时期内可以转换成股票的债券，但是它们之间也有一定的区别。

首先，它们的发债主体和偿债主体不同。可交换债的发债主体和偿债主体是上市公司的股东，而可转债则是上市公司本身。

其次，所转换股份的来源不同。可交换债发行人作为上市公司股东，转换的是其持有的上市公司的已上市股份，并非其本身的股份；而可转债转换的则是发行人自身未来发行的新股。

再次，对公司股本的影响不同。可交换债所转换的股份，是已经发行在外的股票，不会导致标的公司的总股本发生变化，也没有摊薄收益的影响；而可转债转股会产生新股，从而使发行人的总股本扩大，摊薄每股收益。

此外，可交换债与可转债在交易时的报价方式也不一样。可交换债是净价报价，全价结算，可转债是全价报价，全价结算。也就是说可交换债在行情软件中看到的价格并非它的实际成交价格，而是净价，需要像其他债券一样加上应计利息才是成交价格。我们举个例子来说明一下，比如某可交换债（面值100元）当期利息为1%，距下个付息期还有半年，这时它有半年的应计利息，也就是0.5元，可交换债的实际成交金额为报价加上这0.5元。

还有一点需要注意，可交换债的交易是需要债券合格投资者资格的，普通投资者仅可以买卖AAA级的可交换债；而可转债是没有合格投资者资格要求的，只要有A股账户就可以进行交易。

就像我们在“基金赚钱还是股票赚钱”一节中所说的，我们同样不建议投资者直接投资单个可转债，而是更建议通过可转债基金进行投资，买卖方式与其他基金无异。通过可转债基金进行投资的另一个好处是可以间接投资可交换债，毕竟可交换债投资是有一定门槛的，通过基金则可以绕过这一门槛。目前市场上已经有了60余只可转债基金，通过各类基金销售机构网站都能查到他们的历史业绩，基金规模相对比较大的有兴全可转债、长信可转债等基金，投资者可以从中进行选择。此外，可转债也有自己的指数——中证可转换债券指数（000832.CSI），投资者可以对比该指数作为参考来选择合适的可转债基金。

第5章

另类投资

谁是房产“接盘侠”

对于中国居民来说，房地产在家庭财富构成中占据了非常大的比例。随着个人财富的增加，买房置地逐渐成了大部分家庭的终极选择，而房子在个人和家庭眼中也逐渐成为重要的财富象征。在推动城镇化的进程中，房地产经历了福利分房的“1.0时代”、商品房的“2.0时代”，现在进入了租售并举的“3.0时代”。在经历了房产置业的爆发式增长后，近年来坚持“房住不炒”、落实“长效机制”逐渐成了全社会的共识，房地产投资逐渐开始降温，其中一、二线城市较为明显，整体市场增速持续放缓。

根据西南财经大学和广发银行联合发布的《2018中国城市家庭财富健康报告》，在中美家庭总资产的配置中，中国家庭房产占总资产的比例高达77.7%，而美国家庭的房产占比则为34.6%，不到中国家庭房产占比的二分之一[1]。

多年来，中国人对房产投资的热情始终居高不下。在生命周期的不同阶段，每个人都可能产生置业的冲动，或许出于

---

[1] 西南财经大学&广发银行，《2018中国城市家庭财富健康报告》，2019年。

刚性需求，或许出于置换，或许出于投资需求。根据人口结构，人群可以划分为老中青少幼，对应到房产投资，老年人、少年和幼儿很显然不是购房的主体，中青年才是最主要的置业人口。

格温德琳·赖特在《筑梦：美国住房的社会史》一书中对美国梦进行了解读，她说，数百年来，美国人一直把住房看成是维系家庭和社会生活的一种方式。住房是“美国梦”的核心内容，拥有一套“像样的住房”的权利是基本权力，维护这种权力是美国生活方式之必须准则[1]。目前，国内大部分人群也在努力实现“中国梦”。随着社会投资活动的增加，除了原始的居住属性以外，房地产还被赋予了太多的金融属性。

房产投资作为另类投资的重要类别之一，如果按照投资形式分类，可以分为直接投资和间接投资两大类，居民的住宅投资就属于直接投资；如果按照房地产用途分类，又可以分为居住房地产和非居住房地产两大类，其中非居住房地产包括商业房地产、办公房地产、工业房地产、农业房地产和特殊用途房地产。下面我们对房地产投资中直接投资的优势、劣势、机遇

---

[1] 商务印书馆:《住房是“美国梦”的核心内容》，2017年3月9日，搜狐网，http://m.sohu.com/a/130831753_228930，最后浏览日期2019年9月2日。

以及威胁作SWOT分析（见图5-1）。

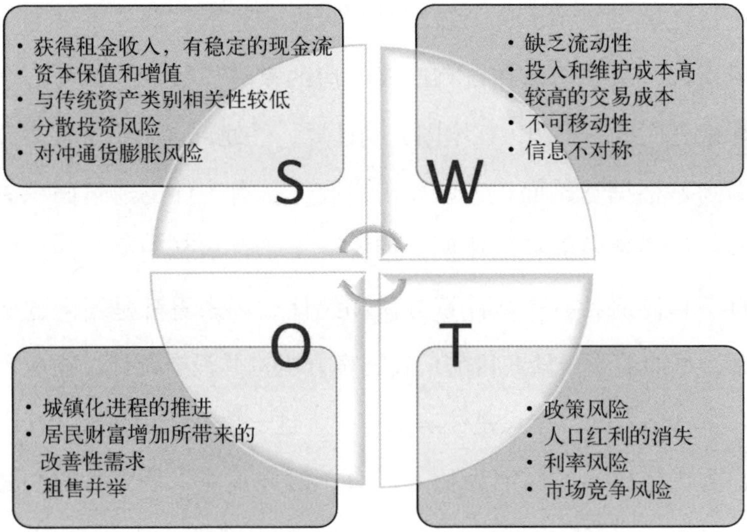

图5-1　房地产投资的SWOT分析

房地产投资的主要指标

在SWOT分析中，房地产直接投资的优势可以成为绝大多数人配置房产的理由。根据行业数据，从2013—2016年，北京、上海地区人群的首次购房年龄从30岁推迟到了34岁，基本上每年推迟一岁。一般来说，24～35岁是首次置业，35～50岁是改善型置业。中国的房地产市场在2015年迎来了置业的峰值，这是判断房价未来走势的最重要的指标之一。

除此之外，房价走势还可以通过一些短期指标来判断。首先是住房自有率，这一指标是国际上考察居民居住条件的常用指标，是指居住在自有产权住房的家庭户数占整体社会全部家庭户数的比例，在中国，统计局、住建部等给出的官方数据则是根据建筑面积，计算出自有（私有）住宅建筑面积占实有住宅建筑面积的比例，但实际上是住房私有率。住房自有率和住房私有率从计算方法和统计口径来看都是不同的概念，不能混为一谈。目前，我国官方机构并没有统计过住房自有率，现有的数据只是住房私有率，这一比例已近90%，这说明国内近90%的住宅为私人拥有，但并不能说明90%的家庭都对住宅拥有自有产权，很多家庭可能租借房子居住，所以我国的住房自有率一定是低于住房私有率的[1]。对比世界典型的发达经济体（见图5-2），新加坡的住房自有率为91%，居于首位，接近实现“居者有其屋”，美国、英国的住房自有率稳定在60%左右，中国香港和德国则低于50%。研究显示，“美国梦”的实现使得美国的住房自有率在2004—2006年达到历史的高位69%，但随着房地产金融风险的加剧、次贷危机

[1] 陈杰.住房私有率≠住房自有率［J］.中国房地产，2006,（10）：17.

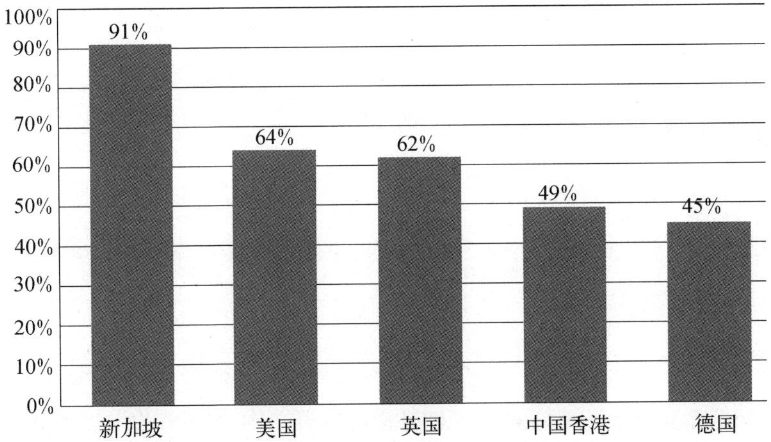

图 5-2　典型发达经济体住房自有率❶

资料来源：各经济体统计局，恒大研究院。

爆发，又使住房自有率重回64%的水平。我们由此也可以看出，经济发展水平与住房自有率之间是紧密相关的，但并不是经济发展水平越高，住房自有率也一定越高，同时我们也要明确区分住房私有率与住房自有率在统计口径方面的显著差异。

其次是人均居住面积。2016年，国家统计局以全国16万户代表作为样本计算人均居住面积，数据显示全国居民人均居住

❶ 图5-2资料来源：夏磊：《发达经济体住房自有率有多高？新加坡90.9%位居第一》，2019年4月25日，新浪财经，https://finance.sina.com.cn/roll/2019-04-25/doc-ihvhiqax4941286.shtml，最后浏览日期2019年9月2日。

面积为40.8平方米，居世界前列，甚至超过了德国、英国等国家，这一数据背后说明了我国房地产市场的过度开发以及保障性住房的不足。

第三个指标是住房空置率，是指某一时刻空置房屋面积占房屋总面积的比率。空置率主要用在国内，不同于国外的空房率。空房率指的则是开发商建好房子后，空置的房子与建成的房子之比。根据西南财大中国家庭金融调查（Chinese Household Finance Survey，CHFS）与研究中心发布的最新数据，中国住房空置率高达21.4%，已超过国际住房空置率20%的危险警戒线，仅低于意大利和西班牙，位居全球第三位。2017年全国城镇地区有6 500万套空置住房。从区域差异来看，当前二线和三线城市的住房空置情况更为严峻，空置率分别为22.2%和21.8%，远超一线城市的16.8%[1]。对比其他发达国家来看，2008年次贷危机发生时，美国的住房空置率不超过10%，即使是高度老龄化、少子化的日本，空置率也仅为13%。中国很多家庭的投资性购房都会带来空置率的增加。这些空置住房占用了超过10万亿元的信贷资源，加剧了金融风险。

---

[1] 西南财经大学中国家庭金融调查与研究中心：《2017中国城镇住房空置分析：超20%的城镇自有住房未充分使用》，2018年12月21日，https://chfs.swufe.edu.cn/news/dynamic.html?id=2297，最后浏览日期2019年9月2日。

最后一个指标是房价收入比，指的是住房价格与城市居民家庭年收入的比值，可以由此看出一个城市的房价是否存在泡沫。从Numbeo发布的2019年最新的房价收入比的数据看，中国平均房价收入比为29倍，其中香港地区为49倍，内地一线城市中，北京和上海最高，都为45倍，深圳为42倍，远远高于新加坡的22倍和伦敦的21倍[1]。合理的房价收入比大概在4～6倍之间，高于这一数值范围则说明房价偏高，可能存在泡沫，超出越多，泡沫也就越大。

综合以上四个指标：住房自有率、人均居住面积、住房空置率以及房价收入比，我们可以预测房地产价格的走势并合理调整在整体资产配置中房地产投资的比重。

影响房地产投资的不确定因素

首先是房地产市场的供需关系。供需决定价格，房地产库存、人口构成、购买力、储蓄率等都会影响房产价格，其中人口构成中老龄化的加剧以及购买力的下降是影响房产投资非常重要的因素。老龄化加剧会带来劳动力数量下降以及成本的上升，进而导致储蓄投资和消费的双降，经济下行风

❶ Numbeo：Property Prices Index Rate，2019年4月11日，https://www.numbeo.com/property-investment/rankings_current.jsp，最后浏览日期2019年9月2日。

险加大，房产投资收益率下降。根据全国老龄办的数据，截至2017年底，我国60岁及以上老年人口约有2.41亿人，占总人口17.3%，其中65周岁及以上老年人口15 831万人，占总人口的11.4%。一般来说，60岁及以上老年人口占人口总数达到10%，就意味着进入了老龄化社会。预计到2050年前后，我国老年人口数将达到峰值4.87亿，占总人口的34.9%[1]。老龄人口比例的提升会影响房产的变现，流动性风险增大。

其次是房地产政策风险以及房产税立法进程的推进。在过去的20年中，中国房价的波动非常剧烈，并且有很强的周期性。如果说前期的上涨是因为搭上经济发展的快车，那么后期的新一轮暴涨则融入了非理性因素。在经历“房住不炒”的政策调控后，目前房产投资已逐渐回归理性。研究显示，2017—2018年，国家的房地产政策持续收紧，房地产市场增速放缓，2016—2018年投资性不动产的年均复合增长率由2014—2016年的30%降至8%，预计2019年增速也将维持在7%左右。

---

[1] 新华社：《我国60岁及以上老年人口数量达2.41亿，占总人口17.3%》，2018年2月26日，人民网，http://politics.people.com.cn/n1/2018/0226/c1001-29835671.html，最后浏览日期2019年9月2日。

经济新常态的环境下，如何合理地进行房地产投资

尽管未来房地产投资面临众多不确定性，但不可否认的是，房地产这一资产类别具有居住和保值增值的双重属性，并且可以实现对通货膨胀风险的有效对冲，是另类投资的主要投资类别之一。在前文中，我们对房地产投资进行了分类，分为直接投资和间接投资，接下来分别就两种类别的主要投资途径进行阐述。

房地产的直接投资方式

直接投资是目前绝大多数人进行房地产投资的主要途径，其投资逻辑是出于长期投资的角度，希望获得收益、资本保值、增值及消费等方面的好处，这在前文SWOT分析中都有所阐述，这里我们主要讨论房地产投资应选择国内房产还是海外房产。

购买海外房产是多数人实现资产多元地域配置的重要途径，其原理是充分利用不同国家经济、法律和制度的优势提升财富运作的效率，创造更多的获利空间，使得人、财、物通过时间和空间的筹划达到最优，从而降低资产在同一地域的集中度。我们以美国为例对比国内房产和海外房产的主要差异，如表5-1所示。

表5-1 中美房产主要差异对比

主要差异	国内房产	美国房产
投资目的	居住和投机为主	移民、教育为主，投资为辅
房地产制度	不够完善健全	非常健全
产　权	住宅产权期限70年 商业房产期限50年	永久产权
持有成本	非常低，未开征房产税	成本较高，包括房产税、房屋维护、保险、出租管理、资本利得税等
外汇风险	无	较大

国外房产与国内房产的投资逻辑有很大的差异。世界上大部分发达经济体都在通过有效的税收手段使得房地产市场达到一个相对平衡的状态，例如，通过免税、抵税的手段鼓励居民自住自用；通过征收较高的房产税、交易税、空置税等抑制房地产市场的投机行为。相较而言，中国房产目前的持有成本处于全球非常低的水平，以美国为例的持有成本则非常高，除了前期的交易费用以外，后续还有持有费用、转让费用，假如买一套100万美元的房子，每年还需要支付至少4万～5万美元的房产税、保险、管理费等。

对于高净值人群来说，投资海外房产还需要注意泡沫风险。根据瑞银对全球房地产价格的统计，在过去5年时间里，全球20个主要房地产市场的房价平均上涨近35%，如香港、多伦多、温哥华、伦敦、悉尼、洛杉矶、旧金山等城市，而其他金融中心涨幅仅为15%左右，如此悬殊的差距与各自当地的经济状况和通胀率其实并不相称[1]。从2018年开始，随着各国货币、信贷政策的收紧以及房屋税收政策的出台，海外房产配置的热门城市如伦敦、多伦多等地的房价都开始进入下跌区间。高净值人士在配置海外房产之前要尽量详细地了解所投资地区的经济、环境、生活成本，将投资、移民、教育、医疗、政策等因素综合纳入中长期规划。

房地产的间接投资方式

以上是我们对直接投资房地产所作的分析，直接投资会占用投资者大量的资金，这一定程度上会大大增加机会成本，与投资者希望通过资产配置的方式分散风险的理念相悖。是否存在其他的方式，可以实现间接分享房价上涨的红利呢？答案是房地产信托投资基金，即REITs（real estate

❶ 搜狐网：《瑞银发布2018全球房地产泡沫指数：香港风险最大，芝加哥被列为唯一被低估市场！》，2018年9月28日，https://www.sohu.com/a/256811228_99920997，最后浏览日期2019年9月2日。

investment trusts)。REITs是信托基金的一种，以发行收益凭证的方式汇集特定多数投资者的资金，由专门投资机构进行房地产投资经营管理，并将投资综合收益按比例分配给投资者。

1960年，第一只REITs诞生在美国，国际意义上的REITs等同于基金，绝大多数属于公募，可以上市交易，也可以封闭运行，与我国的开放式基金与封闭式基金的运作方式类似。通过购买REITs份额，投资者不需要直接拥有房产，就可以低门槛参与房地产投资，获得租金以及房产增值所带来的收益。一般情况下，REITs收益的90%都会用于分红，所以是高净值人士灵活配置房地产投资的有效途径。

成熟市场的REITs最主要的特征就是兼具金融和房地产的属性，其主要可以按照资金募集方式、资产类别、投资形式进行分类。按照资金募集方式，可以分为公募型和私募型。私募型以非公开方式向特定投资者募集资金，一般不上市交易，而公募型则以公开发行方式向社会公众投资者募集，像股票一样可以在交易所交易，价格随市场波动；按照资产类别分，REITs可以经营不同类型的房地产，包括商业地产、写字楼、住宅公寓、基础设施、酒店、仓库等；按照投资形式划分，可以分为权益型和抵押型，其中权益型约占整体市场超过90%的份额，直接投资房地产并拥有所有权，收益来源主要是所持房产的增值部分和租金收入，抵押型则主要投资房地产抵押贷款或房地产抵押支持证券（mortgage backed securities，MBS），其收益来源主要是房地产贷款的利息，所占市场份额比较小。

相比直接投资房地产，REITs的主要优势在于以下几个方面：① 投资门槛低，投资者可以购买最小份额的公开交易的REITs股票；② 流动性好，交易成本低；③ 可以分散化投资于全球不同地区和不同类型的房地产；④ 不需要投资者自己管理和维护房地产，也不需要考虑折旧；⑤ 收益主要来自分红和利息；⑥ 信息透明化程度较高，REITs会定期公开信息，业绩比较稳定。

如果在投资组合中加入权益型REITs，经过风险调整后的收益率怎么样呢？晨星（Morningstar EnCorr）做过一项研究，在传统的股票和债券投资组合中加入REITs后，发现经过风险调整后的收益率显著增加（见表5–2）[1]。

---

[1] Steven Buller, Sam Wald, Andy Rubin, "REIT Stocks: An Underutilized Portfolio Diversifier", Fidelity Investments(FMR LLC), Sep 2013.

表5-2　投资组合风险调整后收益对比❶

投资组合	资产配置比例	夏普比率*
1	55% S&P 500股票 35%投资级债券 10% FTSE Nareit权益REITs	0.34
2	40% S&P 500股票 40%投资级债券 20% FTSE Nareit权益REITs	0.46
3	33.3% S&P 500股票 33.3%投资级债券 33.3% FTSE Nareit权益REITs	0.49
4	60% S&P 500股票 40%投资级债券	0.27
5	80% S&P 500股票 20%投资级债券	0.17

注：*夏普比率为投资组合每承担一单位总风险所产生的超额报酬，比率越高，期望投资回报率越高，投资组合越佳。

从表5-2我们可以看出，加入了33.3% REITs的投资组合夏普比率最高，随着配置REITs比例的不断提升，组合的收益也随之提高。所以，高净值人群如果打算配置海外房地产，可以考虑购买海外市场的REITs。

以上是对成熟国家REITs的分析，国内的RETIs引入较晚，

❶ 表5-2资料来源：Morningstar EnCorr，Jun 30，2013。

由于不满足成熟REITs所具有的全部特征，被称为类REITs，是以不动产为基础资产，主要以商业地产和写字楼为主，通过私募形式发行的资产支持专项计划，大多数REITs可以在交易所流通。研究数据显示，自2014年首只类REITs产品发行以来，5年内市场规模已近千亿元。表5–3是中国类REITs与成熟市场公募REITs的主要区别。

表5–3 中国类REITs与成熟市场公募REITs的主要区别[1]

主要区别	中国类REITs	成熟市场公募REITs
募集方式	私募	公募
基础资产	固定的基础资产	不断收购新的基础资产
交易结构	私募基金+专项资产管理计划	REITs直接持有物业股权
收益分配	优先级呈现债券特征；次级大多自持	绝大部分分配给投资者，呈现股权特征
税收优惠	无	符合条件的分红可以免税
产品期限	存在到期日，既有3/5年的短期产品，也有15年以上的长期产品	长期/永久存续
退出方式	引入公募REITs/发行人回购等	二级市场减持

类REITs的主要收益来源为基础资产的长期租金收入，现金流比较稳定，其中偏债型的优先级REITs具有长久期、收益

❶ 表5–3资料来源：兴业证券：《一文知晓中国类REITs市场——ABS系列之房地产REITs篇》，2019年5月。

适中、风险较低的特点，适合希望获得长期稳定回报以及风险偏好较低的投资者持有，次级则呈现股权特征，收益高的同时风险也较高，适合倾向股权投资且风险偏好较高的机构投资者，这同时也需要投资者具备较强的资金运营管理能力。

根据REITs研究中心RCREIT（Research Center for Real Estate Investment Trusts）的数据，截至2018年12月28日，我国共发行类REITs产品43只，发行金额累计903.21亿元。目前已发行类REITs持有物业类型主要包括写字楼、购物中心、零售书店、租赁住房、酒店、物流仓储中心、书店和社区商业等。其中排名前三的物业类型为购物中心、写字楼和零售门店，分别占比27%、26%和18%。

表5–4　国内类REITs发行情况❶

年 份	发行只数	累计只数	发行规模（亿元）	累计金额（亿元）
2014	2	2	96.05	96.05
2015	4	6	130.85	226.9
2016	8	14	131.25	358.15
2017	16	30	291.38	649.53
2018	13	43	253.68	903.21

❶ 表5–4资料来源：不动产投资信托基金（REITs）研究中心RCREIT：《2018年中国REITs研究报告》，2018年12月。

总体而言，REITs是当下资产配置组合的重要组成部分，这一资产类别能够非常有效地分散组合风险。同时，REITs可以看作是房地产投资中除了直接投资方式以外的有效替代。数据显示，当下世界有名的捐赠基金，如耶鲁基金、常青藤组合中REITs占比都在20%左右，从1999—2019年间，耶鲁基金和常春藤组合的平均年化收益率都保持在6%～8%之间。根据美国REITs协会（NAREIT）发布的数据，截至2018年2月，大约有8 000万美国成年人或者大约40%的美国家庭通过公募基金或ETF直接或间接持有REITs股票[1]。2015年以前，权益型REITs在过去的35年中的平均年度总回报高达14.0%，而标普500提供的回报则在10%～12%之间。尽管近年来REITs的收益率有所下降，但对于长期投资者而言，REITs依然是资产配置中不可或缺的重要类别。

由于我国目前发行的类REITs并非标准意义上的REITs产品，多为私募形式，主要面向机构投资者，普通投资者参与的渠道非常有限。但随着2015年7月国内首只公募REITs——鹏华前海万科REITs的发行，公募基金的投资范围拓展到了

❶ 搜狐网：《解密国内外REITs发展现状》，2018年6月7日，搜狐网，最后浏览日期2019年9月2日。

不动产领域，对于普通投资者而言，进行资产配置时资产类别又增加了新的选择（见表5–5）。根据表5–6中的数据，鹏华前海万科REITs自成立以来总回报为27.27%，年化回报率为5.97%。

表5–5 鹏华前海万科REITs封闭式混合型发起式证券投资基金基本情况[1]

基金简称	鹏华前海万科REITs
基金前端代码	184801
基金运作方式	契约型封闭式
基金成立日期	2015–07–06
基金上市日期	2015–09–30
基金规模（2019–08–30）	32.54亿元
上市板	深圳证券交易所
发行规模	2 999 591 558
起购金额	10万元
比较基准	十年期国债收益率+1.5%
投资范围	包括确定的、单一的目标公司股权，固定收益类资产，现金，以及权益类资产
风险收益特征	预期风险和收益高于债券型基金和货币型基金，低于股票型基金

[1] 表5–5资料来源：万得金融终端。

表5-6　鹏华前海万科REITs与沪深300回报率对比

	3月	6月	1年	2年	3年	5年	总回报（4.2年）	年化回报
鹏华前海万科REITs	3.39%	2.85%	8.61%	13.64%	13.05%		27.27%	5.97%
沪深300	4.35%	3.55%	13.38%	−0.91%	14.72%	62.49%	−2.22%	−0.54%

资料来源：万得金融终端。

以上是我们对房地产投资中的直接投资和间接投资方式所作的梳理，投资者在做资产配置之前都需要充分地了解和分析宏观经济形势，对各投资类别在整体资产配置策略中的占比进行合理分配。长期投资者看中的是资本的保值增值，以及维持购买力不变，而不是追逐短期的投机套利行为。

投资TIPs：

1. 房地产直接配置的最佳时点已过，普惠性的REITs更具配置价值。
2. 资产配置中加入REITs可以增加组合收益、分散风险。

经济新常态下的私募股权投资

在经济发展新常态的环境下，国内的经济增长模式已开始由要素驱动转向创新驱动，大数据、物联网、人工智能等创新元素的不断加入使得各产业逐渐升级。虽然经济发展依然面临下行的压力，但国内经济稳中略升的发展态势为财富的保值增值提供了有效的支撑。

近年来，受益于政策和经济扩张的红利，中国家庭的财富在较短的年限内实现了可观的存量增长。中国人的财富变迁史可分为三个阶段：首先是播种阶段，投资者主要关心的是衣食住行等基本需求，资产配置多以流动性资产为主，如现金、国内权益及固定收益类债券；其次是过渡阶段，投资者的需求外延逐步纳入了教育、提升生活品质、退休规划和财富的传承，多层次需求的实现需要多元的资产配置；最后是建立阶段，高净值个人和家庭在通过实业投资、并购、上市、继承等方式积累了高额财富后，可投资资产所涵盖范围远超之前财富阶段的复杂程度，纳入了海外权益类资产、风险投资、私募股权投资、对冲基金、房地产信托等资产类别。

根据招商银行和贝恩公司发布的《2019中国私人财富报告》，受实体经济下行与市场波动的影响，中国高净值人群的规模及其持有的可投资资产的增速较之前年份有所放缓。2018年，中国的高净值人群数量达到197万人，与2016年相比增加了约40万人，年均复合增长率由2014—2016年的23%降至2016—2018年的12%，共持有61万亿元人民币的可投资资产，人均持有可投资资产3 080万元人民币。其中超高净值人群规模约17万，可投资资产5 000万元以上的人群规模约32万人。对于现阶段的家族财富拥有者和高净值个人来说，如何另辟蹊径合理配置资产、发掘新的价值增长点将是未来财富保值增值的主线[1]。

2008年金融危机过后，利率持续下行、公开市场投资回报率走低，这使得主流机构投资者把目光更多地投向非公开市场，增加对另类资产配置的比重，减少因受低利率环境影响而收益下降的现金和固定收益类资产的比重。另类资产受青睐的原因在于其能提供高于传统公开市场的回报，并能改善整体投资组合的收益水平，平衡风险因素。图5-3为2015—2019年中国高净值人群境内可投资资产配置比例图。

---

❶ 招商银行&贝恩公司:《2019中国私人财富报告》，2019年。

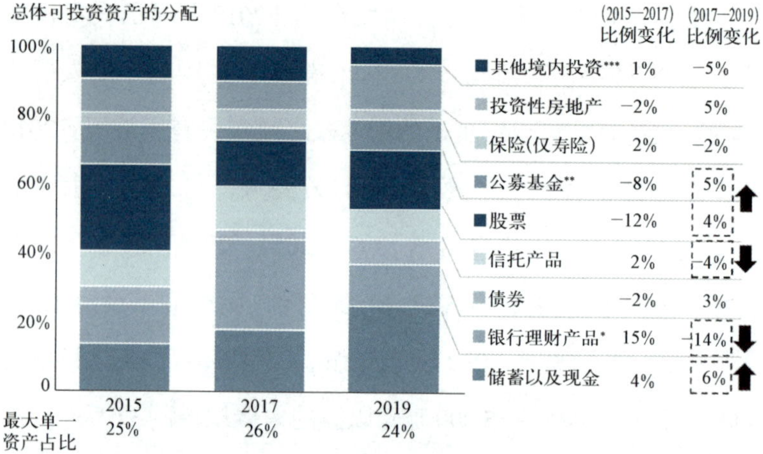

图 5–3 2015—2019 年中国高净值人群境内可投资资产配置比例[1]

注：* 银行理财产品包括净值型理财产品（浮动收益）和非净值型理财收益（稳定/预期收益，含结构性存款）；** 公募基金包括货币型基金、债券型基金、股票型基金和混合型基金；*** 其他境内投资包括私募股权基金、私募证券投资基金、黄金、对冲基金以及收藏品等。

从图5–3中我们可以看到，高净值人群的总体可投资资产中其他境内投资（主要包括私募股权基金等另类资产）的比例近两年呈现下降的趋势，占比则从2017年的8.7%降至3.6%，其主要原因是市场环境的复杂程度在不断增加，并且存在部分机构和产品质量参差不齐的现象。在这样的投资环境下，高净值人群迫切希望在投资标的和信息的筛选方面获得更加专业的建议。

[1] 图5–3资料来源：招商银行&贝恩公司：《2019中国私人财富报告》，2019年。

私募股权投资概述

私募股权投资的定义是通过定向私募的方式从机构投资者或者富裕个人投资者处筹集资金，并将其投资于非上市公司股权，或上市公司的非公开交易股权的一种投资方式。私募股权投资（private equity，PE）的广义定义涵盖企业在首次公开上市之前各阶段的权益投资，包括对处于种子期、初创期、发展期、扩展期、成熟期以及Pre–IPO等各个时期的企业所进行的投资；狭义定义则主要是指对已经形成一定规模并产生稳定现金流的成熟企业所进行的投资。广义的私募股权投资也包括风险投资（venture capital，VC）[1]。表5–7中列出了PE与VC的主要区别。

表5–7 PE与VC的主要区别

主要区别	PE	VC
投资规模	较大，几千万元到十亿元人民币	较小，一般在几百万元到几千万元人民币之间
投资阶段	成长期、即将上市企业	初创期企业
投资期限	3～5年	4～8年
投资领域	成长性较好的传统行业	新兴产业以及高科技公司

[1] 涂志勇，睢岚.中国另类金融投资［M］.北京：北京大学出版社，2013：74–75.

国内目前的VC/PE投资机构主要可以分为外资和本土两大类，外资机构的结构比较成熟，包括独立投资基金、大型金融机构下设的直接投资部门以及大型企业设立的投资基金。我国本土的PE发展首先以合资的方式开始发展，例如，2003年成立的中瑞产业投资基金，后来证券公司开始直接参与股权投资业务，银行方面也积极推进理财计划，参与私募股权机构的范围进一步扩大。2009年以前，外资机构在私募股权业务中占据主导地位，但在2008年金融危机过后，随着创业板的开闸，具有本土优势的国内投资机构开始占据更大的市场[1]。

从市场周期来看，私募股权投资主要关注正在经历重大变革或资本短缺的领域，以及那些拥有持续成长动力的细分行业，投资标的往往具有科技、产品、理念、人员等方面的优势，可以带来相对较高的回报率。

私募股权投资的运作方式

一般而言，私募股权投资基金的组织形式主要有合伙制与公司制两种。有限合伙制的形式一般是由私募股权投资基金的

[1] 涂志勇，雎岚．中国另类金融投资［M］．北京：北京大学出版社，2013：76–77.

管理人出资一定的比例，这个比例一般是1%，成为对基金拥有控制权的一般合伙人（general partner，GP），GP负责寻找投资标的并管理基金，并承担无限责任，所以他们所获得的收益最高，一般是固定管理费加收益提成，即国际上通行的“2–20”的收费模式。在这种模式下，每年提取全部基金的2%作为管理费，这部分与业绩无关，在达到预期回报率的条件下，还可以提取全部利润的20%，这部分可以视为“浮动管理费”。私募股权基金的运作是否成功，很大程度上取决于基金经理的能力。在GP出资完成后，基金剩余的99%会由有限合伙人（limited partners，LP）出资，一般包括捐赠基金、养老基金、高净值个人、机构投资者等。对于股权基金，LP只承担有限责任，并且不参与基金的管理。美国的私募股权基金主要采用合伙制。

PE/VC的资金投入方式并不是一次性全部投入，而是实行承诺资本的方式，即投资者在基金存续期内逐步分期到账。GP在对投资标的公司经分析后决定投资，会给LP发出出资请求，每次金额大约为LP出资总额的3%～10%。

还有一种公司制，这主要是指通过设立股份有限公司或有限责任公司来进行股权投资的运作，这一模式具有明确的法人治理结构以及完善的退出机制。我国的PE/VC投资机构有多种形式，包括有限责任公司制、股份公司制、合伙制等。根据清科数据库（Zdatabase）的数据，我国高净值家族及个人已经成为有限合伙人LP中占比最大的人群，他们的资金大多来自股票、房地产、企业经营的收入。

我国的私募股权投资的发展经历了从无到有，相比国外成熟市场，还存在这样或那样的不足，包括投资期过短、倾向投资成熟期或即将上市的项目、GP的基金管理能力和投资决策分析相对不足等。

私募股权投资退出方式

在PE与VC的主要区别中，我们可以看到PE的投资期限大概在3～5年，而VC投资期更长一些，在4～8年之间。在PE/VC把投资注入企业之后，先是通过企业的发展和运营获得资本的增值，之后会选择合适的退出方式，进而实现收益。一般来说，私募股权资本的退出方式主要有首次公开上市（IPO）、并购、管理层收购、清算四种，其中，IPO是通过资本市场变现、实现收益最大的方式；其次是并购和管理层收购，最坏的情况则是清算，这主要是投资标的出现经营不善的情况下，股权基金会从被投资企业彻底退出。

在美国市场，相比IPO，并购和管理层收购是更常见的两种方式，一方面是出于费用的考虑，另一方面是因为这两种方式的投资周期较短，可以更快地回流资本。但我国还是主要通过IPO的退出方式，2009年创业板和2019年科创板的开通对于风险企业首次公开上市是一个有力的推动，但是我们也必须考虑到二级市场的风险波动毕竟较大，这在一定程度上会影响基金的收益。

根据表5-8的数据，中国的私募股权市场在2015年和2016年的融资规模均突破了万亿元人民币，投资金额年化复合增长率超过60%，但从2017年开始，私募股权市场的融资、并购、新股发行在规模和数量方面都经历了比较大的调整，投资节奏趋缓。有研究显示，私募股权投资机构开始更加注重所投企业的成长性。

表5-8　中国私募股权发展趋势2015—2019[1]

时 间	融资事件数量	融资事件金额（亿元）	并购事件数量	并购事件金额（亿元）	新股发行数量	新股发行金额（亿元）	退出事件数量	退出事件金额（亿元）
2019	3 512	4 881.13	4 266	27 162.93	623	7 549.56	1 253	1 242.53
2018	9 924	15 683.23	6 463	40 259.88	812	17 494.18	1 234	1 503.72
2017	9 921	12 986.52	5 966	43 428.01	1 517	15 081.66	1 680	1 011.55
2016	12 604	10 395.02	6 594	43 928.33	1 309	19 182.4	1 101	1 161.74
2015	12 004	10 771.04	7 903	45 778.74	1 513	17 795.9	1 621	1 607.86

❶ 表5-8资料来源：CV Source数据库。

私募股权投资具有投资期限长、高风险以及高收益的特征，并且与其他资产类别之间的相关性较低。从风险角度来说，私募股权投资过程中的不确定因素更多，其波动率远远超过股票市场的波动率。根据欧洲创投协会的统计，私募股权收益率与股票指数相关系数只有0.5左右，与债券指数相关系数接近0。在投资组合中加入股权投资，可以一定程度上在提高平均收益率的同时降低总风险[1]。从收益方面来说，私募股权的整体收益呈现出一定的周期性，其中一部分原因是由于收购企业和出售企业的估值会参照同期上市公司的定价，所以与股票市场之间可能会存在共振。根据中金公司发布的《中国财富管理市场产品白皮书2007—2017》，从2010年往后看，国内私募股权投资案例平均回报水平呈逐年下降趋势，平均IRR（内部收益率）由高峰期的超过140%已经降至2016年的30%左右了（见图5-4）[2]。

随着国内经济进入调整期，金融监管加强，资本市场趋于理性，私募股权市场也面临新一轮的挑战。在过去的两年中，私募行业发展乱象丛生，部分机构的项目筛选能力不足，直接

---

[1] 欧阳良宜.私募股权投资管理［M］.北京：北京大学出版社，2013：25.

[2] 中金公司：《中国财富管理市场产品白皮书2007—2017》，2018年。

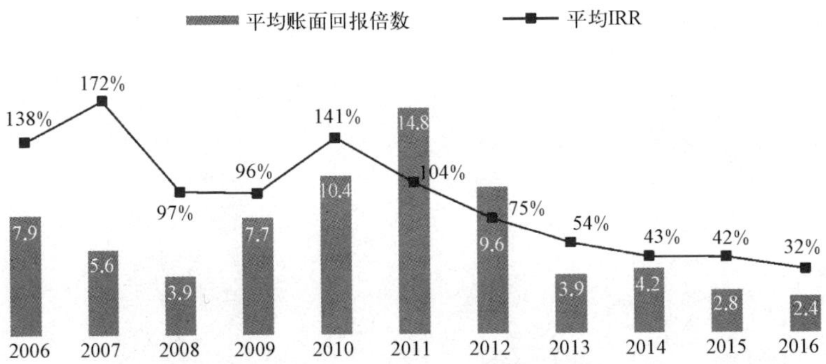

图5-4 国内私募股权投资案例平均回报水平有一定下降[1]

造成高净值人群配置私募证券、股权产品的积极性下降。但从中长期来看，随着资本市场的回暖，私募股权投资的高风险高收益仍然符合高净值人群多元化资产配置的需求。根据招商银行和贝恩发布的高净值人群调研分析，约25%的客户表示会增加私募产品的配置，只有近10%的客户表示会减少配置（见图5-5）。高净值人群主要考虑的是机构筛选被投资企业和标的的专业能力，这就要求财富管理机构对基金管理人的资质、历史业绩、基金规模、风险控制等方面进行有效的评估。

---

[1] 图5-4资料来源：CV Source数据库，中金财富研究。

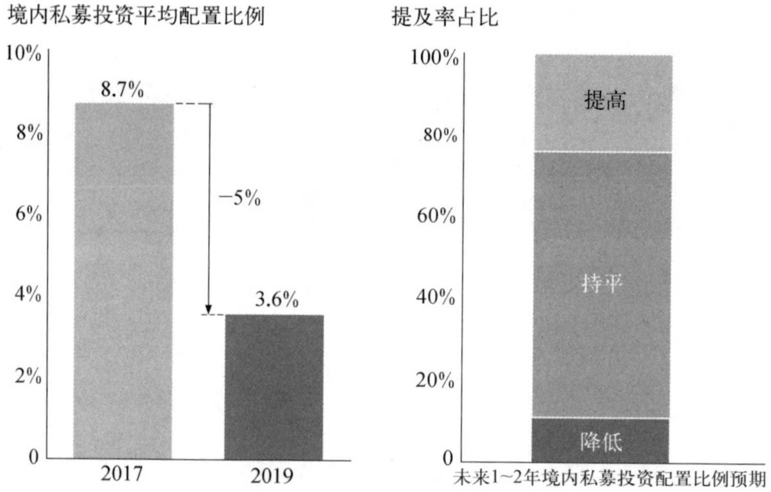

图5–5 2017—2019年中国高净值人群私募产品配置比例变化及趋势❶

注：境内私募投资包括私募证券投资基金（含债券类及股票类基金）和私募股权基金。

阳光私募基金

除了在一级市场进行私募股权投资外，高净值人群也可以选择阳光私募基金。阳光私募基金主要投资于证券市场，定期公开披露净值，具有合法性、规范性，一般仅指以“开放式”发行的私募基金。相对于公募基金对相对收益的追求，阳光私募基金则专注于绝对收益。在这种模式下，信托公司作为发行

❶ 图5–5资料来源：招商银行&贝恩公司：《2019中国私人财富报告》，2019年。

方，银行充当资金保管方，私募基金公司作为投资顾问，受聘于信托公司负责对募集资金的管理。

阳光私募基金的创新之处在于建立了以信托关系为基础的代客理财机制，使得信息披露、私募契约以及资金的募集渠道公开化、规范化[1]。其与私募股权基金最大的不同在于投资对象的不同，阳光私募基金主要投资于二级证券市场，而私募股权基金则主要投资于未上市的公司股权。二级市场的决策是多方博弈的结果，回报周期短、标准化程度高，更强调标的的资产属性。而一级市场更多的是基于企业价值的投资，回报周期长、标准化程度低，更强调标的的企业运营属性。两者的规模也有相当大的差异。

根据Wind的数据，截至2019年5月，我国私募基金发行数量为77 465只，发行规模为13.31万亿元，其中私募股权、创业基金的发行数量为34 601只，发行规模为9.17万亿元，占到总体私募基金规模的68.92%；私募证券投资基金发行数量为38 190只，发行规模为2.34万亿元，占比为17.6%（见图5–6）。

近年来，中国资本市场的发展跌宕起伏，可谓是大浪淘沙。

❶ 曹泉伟，陈卓，等.2018年中国私募基金研究报告［M］.北京：经济科学出版社，2018：4–5.

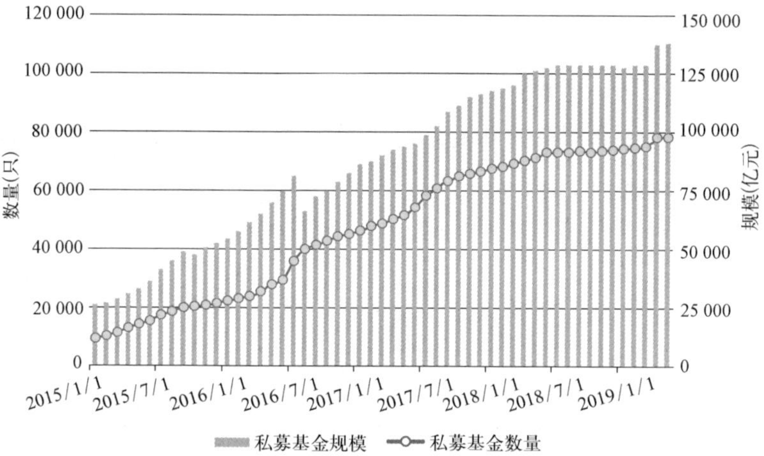

图 5-6　我国私募基金市场发行数量、发行规模[1]

2017年，私募股权迎来了一波阶段性的高点， 募资规模大幅上升，这主要得益于国家鼓励股权投资助力于实体经济的发展。同时，在2015年经历了股灾以后，来自二级市场的部分资金开始涌入一级市场。2018年，私募行业开始进入低谷期，经历了募资难、退出难的境地，一方面是由于资管新规的落地，大幅地提高了投资者的进入门槛及限定多种类型资金的入场，另一方面是整体宏观经济形势开始下行，投资市场情绪低迷，公开上市审核也日益趋严。

[1] 图5-6资料来源：万得金融终端，基金业协会。

2019年，随着资本市场的回暖，尽管宏观经济形势仍然面临众多不确定因素，但在科创板设立等因素的积极影响下，私募股权市场会有所回升。政策层面的利好也在引导股权投资的走向，投资期较短的投资者会给企业带来不必要的短期压力，导致企业经营决策对企业长期发展规划的背离，从而降低企业创造可持续经营效益的能力，实体经济的健康发展需要金融资本对长期投资的支持。

私募股权投资的优势

区别于股票投资，私募股权基金主要集中投资于某一特定公司或领域，以牺牲短期流动性为代价获得更高的投资回报。更为重要的一点，私募股权投资可以作为投资组合多元化策略的重要组成，因为其与大多数资产种类都有着较低的相关性，如现金、债券、对冲基金、权益、商品及房地产等资产。

家族财富拥有者和高净值个人表示，投资私募股权可以使他们更好地了解资金的投向、行业和商业模式，并能够在投后更贴近运营和管理团队。总体来看，投资者增加私募股权投资的主要目的在于创造跨代财富，以更长的资本锁定期获得未来财富的增值。

与短期股票投资相比，长期的私募股权投资的优势在哪里？根据Cambridge Associates的数据，全球私募股权基金指数的十年期和二十年期的平均回报达到12%和15%，而同期全球的主要股票指数回报则仅为6%和7%，前者的投资回报率几乎是后者的两倍之多。除了回报率方面，数据还显示，投资组合中的私募股权在经历金融危机后所遭遇的价值下滑幅度仅为公开市场股票投资的60%，其在极端经济环境下遭遇的价值损失更小，受到的冲击也相对较小[1]。

随着高净值人群资产配置理念的加深，以及为专业服务付费的习惯逐渐形成，未来私募股权行业专业化的程度将越来越高。高净值人群把自己的财富集中交给专业投资机构，而后投资机构选择最优秀的管理人参与，不断积聚优势资源，扩大生存空间，最后实现财富的保值增值和顺利传承。

从趋势上说，未来国内高净值人群和家族财富的合理配置要依靠股权投资，拉长投资周期，寻找引导消费需求和科技创新的爆发点，其重点在于布局具有高成长性的行业，如健康、医疗、能源等领域。数据表明，中国家庭中股权资产配置比例可能不及20%，而美国家庭通过机构配置股权资产的比例一般

---

[1] 搜狐网：《未来十年，私募股权能让你改变家族财富层次》，2018年6月28日，http://www.sohu.com/a/238233915_100194716，最后浏览日期2019年9月2日。

在50% ～ 70%。面对如此多的存量资本，新常态下的股权资产配置需要战略战术并用，对抗经济周期的各种不确定因素。

投资TIPs：

1. 通过中长期的资本锁定，获得未来财富增值是私募股权投资创造跨代财富的主要途径。
2. 私募股权是基于企业价值的投资，标准化程度较低，回报周期长，与其他资产相关性较低。
3. 阳光私募专注于绝对收益，行业规范化程度高。

其他另类投资方式

前面我们谈及了另类投资中两种非常重要的资产类别——房地产和私募股权的配置，下面来探讨一下其他另类投资的类别及策略，包括对冲基金、贵金属以及艺术品投资。罗素投资曾经在2012年发布了一项对另类投资的全球调研问卷，其中包括投资者进行另类资产配置的原因，约90%的受访者表示多元化资产配置是他们进行另类投资的首要原因，64%的受访者回应在投资组合中加入另类资产能降低组合的波动率以及与传统资产类别的相关性。除了多元化和降低组合波动率方面的优势，收益率也是非常重要的，约45%的受访者表示，通过另类投资可以获得超额收益alpha以及长期潜在的资产增值[1]。接下来，我们分别来探讨其他另类投资的方式。

对冲基金

1. 对冲基金的定义

对冲基金（hedge fund），起源于20世纪50年代的美国，目前学术界和业界对其都没有统一的定义。美国证券交易委员会（Securities and Exchange Commission，SEC）将对冲基金定义为一个常用的非法律名词，资产管理统计公司（Managed Account Reports Inc.，MAR）对其定义则侧重于激励方式、杠杆、套利等特征方面。相当于把对冲基金看作一项资产类别，把它定义为一种投资策略实际上会更加准确，因为对冲的本意就是降低风险，通过期货、期权等金融衍生工具以及对相关联的不同股票进行实买空卖、风险对冲等操作技巧，构建一个投资组合来对冲系统性风险，从而在一定程度上规避和化解投资风险。对

[1] Russell Research, "Russell Investments' 2012 Global Survey on Alternative Investing", Russell Investment, 2012.

冲基金追求风险对冲后的绝对收益，只对有限的合格投资者开放。对冲基金的主要特点如表5–9所示。

表5–9 对冲基金的主要特点

➢ 可以利用杠杆
➢ 投资上灵活度较高，可做多也可做空
➢ 受到的监管有限
➢ 有锁定期，通常为1～3年
➢ 基于资产管理规模（asset under management，AUM）收取管理费，通常为1%～2%
➢ 绩效奖金通常为20%，只有超过高水位的部分才计提绩效奖金

注：高水位是指只有基金的价值超过它过去达到的最高资产净值的时候，对冲基金管理人才可以拿到绩效奖金。

1949年，世界上第一只对冲基金成立于美国，创始人是阿尔弗雷德·温斯洛·琼斯。他认为，除了经济数据会决定股市波动以外，股票市场还会被投资者的情绪左右，由此产生价值和价格的偏离，所以买入价值被低估的资产的同时卖出价值被高估的资产就可以规避风险并获得收益。琼斯创新式的投资基金模式采用了普通合伙制（limited partnership）的架构，规定投资者数量不超过99人，并且首先提出在基金获得利润时，基金管理人可以提取20%的业绩提成，由此来产生激励。后来，他又把普通合伙制改为了有限合伙制，这把合伙人分为了普通合伙人（GP）和有限合伙人（LP），其中GP负责运营与制定投资决策，LP则只负责出资，这种模式成为此后几十年对冲基金发展的基本框架[1]。在经历了20世纪70年代美国股票市场的熊市之后，对冲基金在80年代中期开始从沉寂进入蓬勃发展的快车道。

全球著名的大规模对冲基金之一——量子基金在世界范围内投资于股票、债券、外汇和商品，由乔治·索罗斯进行经营管理，在1992年狙击英镑的战役中一战成名。20世纪90年代，英国加入欧洲汇率机制（exchange rate mechanism，ERM），条件是英镑汇率需要维持在一个较高的水平，并且与作为中心货币的德国马克锚定，但当时英国国内的通胀也处于高位，由此引发了经济的下滑，国际货币投机者开始伺机做空英镑，量子基金率先发难，在市场上大规模抛售英镑并买入德国马克。英格兰银行为稳定汇率则抛售德国马克并购入英镑，但仍敌不过量子基金的进攻，之后英镑被迫退出ERM并自由浮动。在这场战役中，英镑在一个月内下跌了20%，而量子基金则从中获利近10亿美元。1997年，索罗斯又在亚洲金融危机中狙击泰铢，这一系列的操作使得索罗斯和他的对冲基金名声响彻全球[2]。

---

[1] 搜狐网：《对冲基金是如何诞生的？》，2017年1月24日，http://www.sohu.com/a/125079820_481610，最后浏览日期2019年9月2日。

[2] 搜狐网：《一战成名！索罗斯——击垮英格兰银行的男人》，2017年4月10日，http://www.sohu.com/a/133041018_390427，最后浏览日期2019年9月2日。

2018年12月，量子基金入围2018年世界品牌500强。

2.对冲基金的类型

按照策略，对冲基金可分为多种类型，国际上目前并没有统一的标准。为了适应对冲基金投资策略多元化的趋势，现在比较流行的分类方法是把对冲基金分为以下五类（见表5-10）。

表5-10 对冲基金的主要类型

主要类型	获利途径	策略
全球宏观策略	通过预测各类宏观经济事件，投资于不同市场和不同产品、工具并获利	宏观套利策略
方向性策略	投资于股票市场并运用杠杆做多和（或）做空	多/空策略、新兴市场对冲基金、行业（区域）对冲基金、量化对冲基金
事件驱动策略	通过预测各种公司行为和事件，利用市场短期的无效性进行获利	困境公司投资策略、合并/收购套利、公司重组套利
相对价值策略	通过发现并利用相关投资品种之间的定价误差获利	可转债套利策略
期货交易顾问	利用技术或基本面分析对各期货品种进行投机交易的期货投资基金	主要投资于商品期货以及金融期货、期权、远期等交易品种，多数基金会应用计算机系统化程序捕捉机会或者止损控制风险

下面以股票多空型和相对价值型对冲基金为例对交易策略进行介绍，股票多空型策略是在指在持有股票的同时采用多空策略来对冲风险，这类基金除了持有股票外，也会做空业绩未达预期的股票或股指期货，力争在牛市和熊市中均能获取收益，多空策略会同时持有多头头寸和空头头寸。根据图5-7中的数据，在2008—2017年间，有6个年份股票多空型私募基金跑赢了万得全A指数。

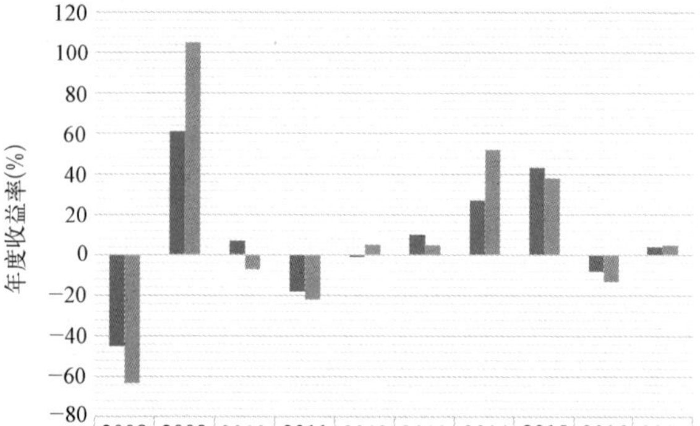

	2008	2009	2010	2011	2012	2013	2014	2015	2016	2017
■ 股票多空型私募基金等权平均年度收益率	−45	61	7	−18	−1	10	27	43	−8	4
■ 万得全A指数年度收益率	−63	105	−7	−22	5	5	52	38	−13	5

图5-7　股票多空型私募基金与万得全A指数的年度收益率比较：2008—2017[1]

[1] 图5-7资料来源：《2018年中国私募基金研究报告》，清华大学五道口金融学院。

相对价值型私募基金主要利用关联证券间的差价获利，通过买入价值被低估的股票和卖出价值被高估的股票以获取价差收益的一种策略。因为这种策略大多消除了市场因子的影响，所以其收益情况往往与市场走势无关，比较平稳，具有低风险、低收益的特点[1]。

从投资标的来看，对冲基金可以投资货币、股票、债券、商品及其各种衍生品，投资更加灵活。根据对冲基金研究公司（Hedge Fund Research, Inc., HFR）2018年4月的数据统计，全球对冲基金管理规模已达3.22万亿美元。在2008年金融危机期间，对冲基金管理规模有所下降，但从2009年至今，对冲基金行业的整体管理规模还一直在稳步增长。从地域分布来看，对冲基金主要集中在北美洲（67%），其次是欧洲（23%），亚洲占比只为8%。从资产规模大小来看，1亿美元以下的对冲基金数量占比达到71%，10亿美元以上的对冲基金数量占比只有2%左右。

具体到我国国内，根据中国证券投资基金业协会公布的数据，截至2018年6月底，已登记私募基金管理人23 903家（其中私募证券投资基金经理人8 827家），管理资产规模达12.69万

❶ 曹泉伟，陈卓，等.2018年中国私募基金研究报告［M］.北京：经济科学出版社，2018：29-30.

亿元人民币。从投资策略来看，我国私募基金的投资策略丰富多样，包括股票多头策略、管理期货、债券策略、股票中性、宏观策略、股票多空、套利策略和多策略等，其中以股票多头产品数量占据主导地位，占比达到77.9%（见图5-8）[1]。

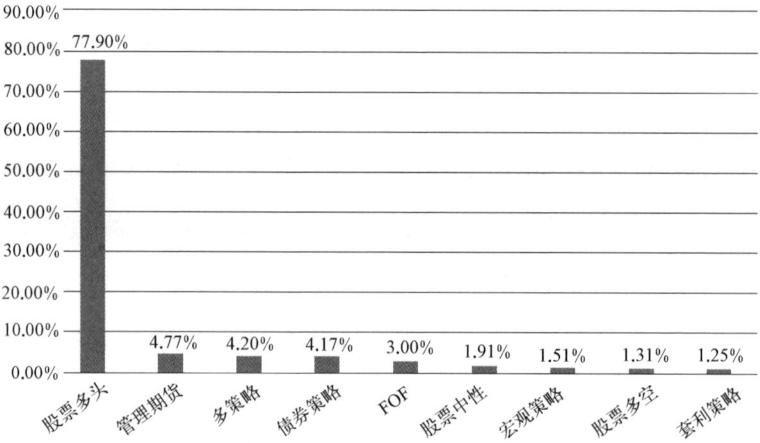

图5-8　国内不同策略私募基金数量分布[2]

从基金管理规模来看，国内已登记的私募基金管理人管理基金规模集中在10亿元以下的合计占比为79.26%，1亿元以下的私募基金管理人占23.53%，1亿～5亿元规模占比44.4%，5亿～10亿元规模占比11.33%，总体呈现小而多的特点。我国对

[1][2] 光大证券：《对冲基金投资策略与发展趋势：稳中求进》，2018年8月。

冲基金的发行主要以机构自主发行为主导，其次是公募专户、信托、券商资管以及期货资管。

3. 对冲基金的收益表现

2018年，全球对冲基金的业绩表现为自2008年金融危机以来最差的一年。根据彭博对冲基金数据库的统计数据，2018年全年对冲基金行业亏损5.7%，主要原因在于全球政治经济不确定性因素的增加、资产波动性的回归等，主要经济体贸易摩擦的加剧等也都对基金的业绩表现产生了不利影响。在交易策略中，表现最差的是股票型对冲基金以及商品交易顾问（commodity trading adviser，CTA）/管理期货策略基金，2018年分别亏损7.8%和7.2%，跑输了标普500大盘的全年累跌6%，唯一获得正收益的策略则是固收方向性策略和固收相对价值策略，回报率分别为0.2%和1.3%[1]。

尽管全球对冲基金行业整体业绩惨淡，但在如此复杂的经济环境下，规模非常大的对冲基金龙头依然获得了不错的回报，强者恒强，资金向头部对冲基金集中。根据英国《金融时报》的

---

[1] 新浪财经，《对冲基金巨头2018表现全盘点：一半海水一半火焰》，2019年1月10日，https://finance.sina.com.cn/stock/usstock/c/2019-01-10/doc-ihqhqcis5011318.shtml，最后浏览日期2019年9月2日。

观察，桥水基金的Pure Alpha获得了全年正收益14.6%，为5年最佳；计算机科学家David Shaw设立的D.E.Shaw旗舰基金回报率为11.2%，Two Sigma的全球宏观基金和绝对回报基金也都取得了两位数的正收益。对冲基金策略指数收益风险情况如表5-11所示。

表5-11　对冲基金策略指数收益风险统计[1]

	综合	套利	管理期货	低等级债	事件驱动	固定收益	股票多空	宏观对冲	多策略	相对价值
年化收益	8.63%	6.93%	8.92%	10.69%	9.54%	7.73%	8.65%	7.91%	9.13%	9.12%
年化波动	4.75%	3.29%	6.66%	6.32%	6.58%	3.51%	7.02%	3.93%	4.34%	3.91%
夏普比率	1.82	2.10	1.34	1.69	1.45	2.20	1.23	2.01	2.10	2.33

从表5-11中我们可以看出，所有对冲基金策略指数在1999年12月—2018年6月近9年间，综合年化收益率达到8.63%，其中管理期货、低等级债、事件驱动、股票多空、多策略、相对价值等策略指数年化收益较高，套利和固定收益策略虽然年化收益相对较低，但因为波动率比较小，夏普比率更高，也就是说经过风险调整后的单位收益更高。

[1] 表5-11资料来源：光大证券：《对冲基金投资策略与发展趋势：稳中求进》，2018年8月。数据统计区间：1999.12—2018.6。

4. 对冲基金的优势

对冲基金追求的是绝对收益，并且可以通过创造杠杆的方式放大投资组合的收益，但也可能在经济下行时期放大投资的损失。以我国的对冲基金为例，图5–9和图5–10中是不同对冲基金策略指数与沪深300指数之间的相关性比较，在图5–9中，我们可以看到，私募股票指数和私募混合指数与沪深300走势基本一致，相关性非常高，会受到股市剧烈波动的影响；图5–10显示，私募CTA指数和对冲指数则与股市的相关性较弱。

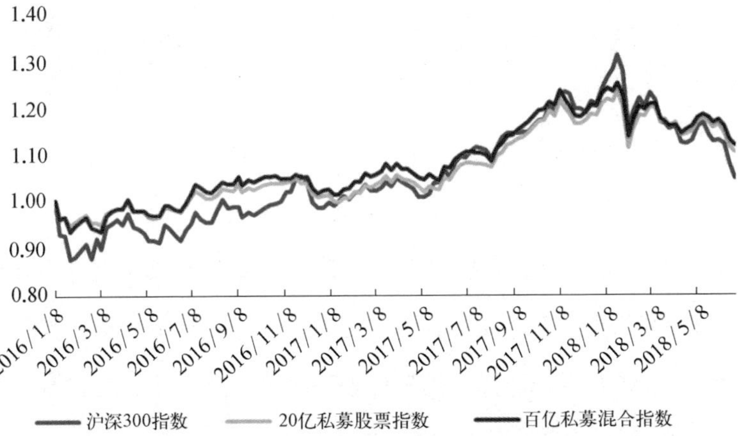

图5–9 私募股票指数历史走势[1]

---

[1] 图5–9资料来源：光大证券：《对冲基金投资策略与发展趋势：稳中求进》，2018年8月。数据统计区间：1999.12—2018.6。

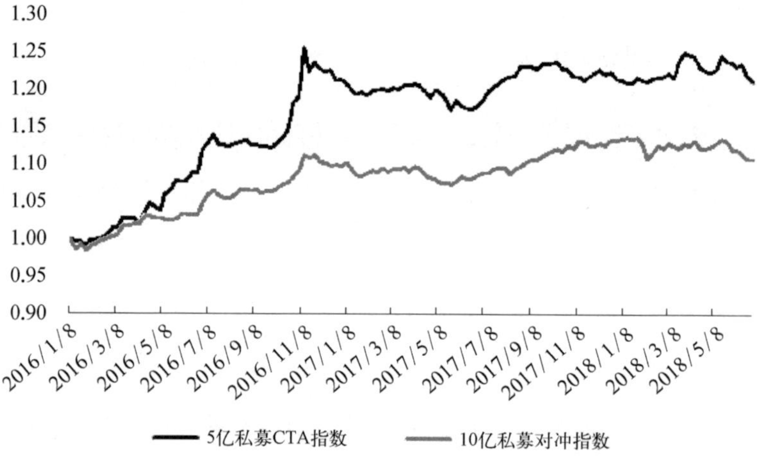

图 5-10 私募CTA指数与对冲指数历史走势[1]

在高净值人群的大类资产配置中，对冲基金的策略是不可或缺的。与私募基金类似，对冲基金也主要面向合格投资者。合格投资者是指具备相应风险识别能力和风险承担能力，投资于单只私募基金的金额不低于100万元且净资产不低于1 000万元的单位；或投资于单只私募基金的金额不低于100万元且金融资产（包括银行存款、股票、债券、基金份额、资产管理计划、银行理财产品、信托计划、保险产品、期货权益等）不低于300万元或者最近3年个人年均收入不低于50万元的个人。

[1] 资料来源：朝阳永续、光大证券研究所（截至2018年6月底）。

相比国外成熟有效的资本市场，国内市场的有效性较低，这也说明同样的对冲基金策略在国内可能会获得更多机会。随着2019年中国资本市场的回暖，加入对冲基金的投资组合可以通过一系列的交易策略，利用各类衍生产品和工具对风险敞口进行有效管理，最后在收益与风险之间达到更好的平衡（见表5–12）。

表5–12 各策略产品年度收益表现❶

产品类型	3月收益率	2019年收益率	过去一年收益率	过去一年年化波动率
股票多头	5.68%	20.17%	–0.22%	19.99%
股票多空	4.06%	13.02%	3.32%	14.00%
股票市场中性	2.11%	4.44%	5.49%	6.59%
套利策略	1.51%	3.36%	6.88%	5.75%
管理期货	0.57%	3.74%	9.11%	13.68%
定向增发	6.08%	22.49%	–7.09%	30.40%
宏观策略	2.46%	10.35%	6.37%	15.08%
债券基金	0.76%	0.84%	1.08%	8.46%
多策略	3.39%	11.31%	5.18%	14.34%
组合基金	3.06%	10.31%	2.25%	10.67%
总　计	5.08%	17.89%	1.17%	18.67%

❶ 表5–12资料来源：上海证券基金评价研究中心：《私募表现持续回暖，股票策略业绩优秀——2019年3月对冲基金报告》，2019年。

黄金

相信都还记得2013年国内的黄金抢购潮，国际黄金价格在4月15日这一天下跌了20%，中国大妈开始抄底黄金，用近1 000亿元人民币瞬间扫空300吨黄金，华尔街卖出多少黄金，中国大妈都能照单全收。不过此后的几年时间里，黄金价格一直处于调整期。

直到2017年，伴随全球政治局势不稳，黑天鹅事件频发导致市场避险情绪上升，黄金市场开始走强，2018年受美联储加息影响，美元走强，黄金价格又开始下跌。2019年8月1日，美联储宣布降息25个基点，为10年来的首次降息，这不仅意味着美国自2015年开始加息周期的终结，同时还表明美国经济发展增速的放缓。在美联储之后，多国央行也纷纷宣布降息，黄金价格进一步上涨，自5月份以来黄金价格已经上涨了近20%。历史数据显示，黄金价格与美国实际利率的走势呈高度负相关的关系。美联储降息意味着释放流动性，美元出现贬值趋势，黄金是以美元计价的，相应的黄金价格则会上扬。进入2019年以来，世界主要经济体之间的贸易摩擦加剧，地缘政治风险、资本市场的低迷，市场避险情绪进一步蔓延，央行增持黄金意愿上升，黄金作为主要的避险工具越发受到投资者的青睐，黄金价格开始逐步回升。

根据中国黄金协会发布的统计数据，2018年中国黄金产量401.119吨，连续12年位居全球第一；黄金实际消费量1 151.43吨，连续6年保持全球第一[1]。

1. 黄金的属性

黄金是人类较早发现和利用的金属，不同于一般商品，由于其稀有、稳定的属性，从被人类发现开始就具备了货币和商品的双重属性。在流通领域，黄金作为贵金属的一种，属于大宗商品，可用于工农业生产与消费使用；在金融投资市场，黄金表现出的主要是货币属性。黄金自古以来就被世界众多文明国家当作货币，其功能主要为交换媒介、价值尺度和价值储藏。20世纪70年代美国布雷顿森林体系崩溃后，黄金开始转变成一种独特的配置资产，其金融属性远超商品属性（见图5-11）。

从图5-11中我们可以看出，目前主要的黄金需求还是首饰和投资，其中首饰占到51%的比例，投资居于第二位，占26%，中央银行和其他机构需求占15%，最后是科技占8%。

---

❶ 人民网，《2018年我国黄金产量401.119吨　连续12年位居全球第一》，2019年2月12日，http://www.xinhuanet.com/2019-02/12/c_1124104161.htm，最后浏览日期2019年9月2日。

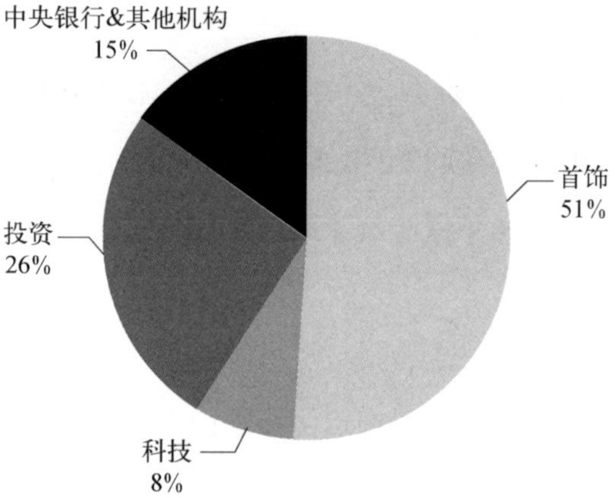

图 5-11　2018年黄金需求占比[1]

2. 黄金的投资表现

目前，影响黄金价格的主要因素除了传统大宗商品的基金面供需格局外，金融市场的影响也越来越大（见图5-12）。

从长周期看，尽管黄金的投资价值逊于股票甚至货币基金，但在全球性危机期间的相对收益表现优异。我们从图5-13中可以看出，20世纪70年代布雷顿森林体系解体以及后期的高通胀等使美国和其他国家出现严重的经济衰退，失业

[1] 图5-11资料来源：兴业证券：黄金王者归来——从全球货币体系说起，2019年6月27日。

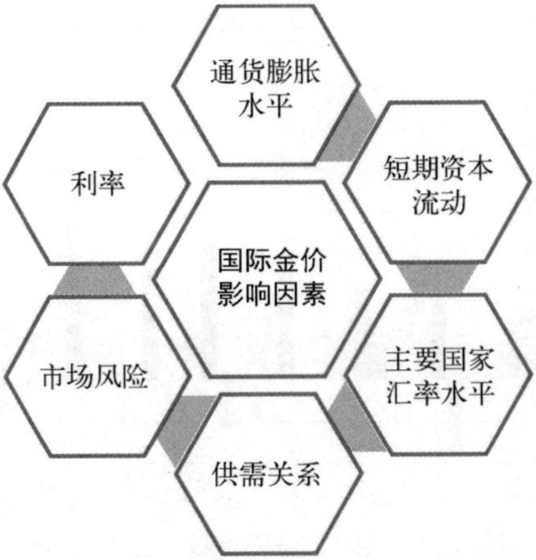

图 5-12　黄金价格的主要影响因素

率攀升，这直接引发了黄金价格的剧烈上涨。2000年的互联网泡沫时期，风险调整过后的黄金收益率跑赢了股票，这说明危机时期黄金表现出强烈的避险属性。

就像其他大宗商品一样，黄金价格还表现出与美元之间存在逆相关性。从图5-14中我们可以看到，当美国GDP占全球比重上升，美元表现强势，黄金投资市场则处于低谷时期；美元弱势时，黄金市场则处于牛市并表现出更多的避险属性。

3. 高净值人士该如何投资黄金资产

首先是投资者在什么样的时点配置资产，根据中金公司

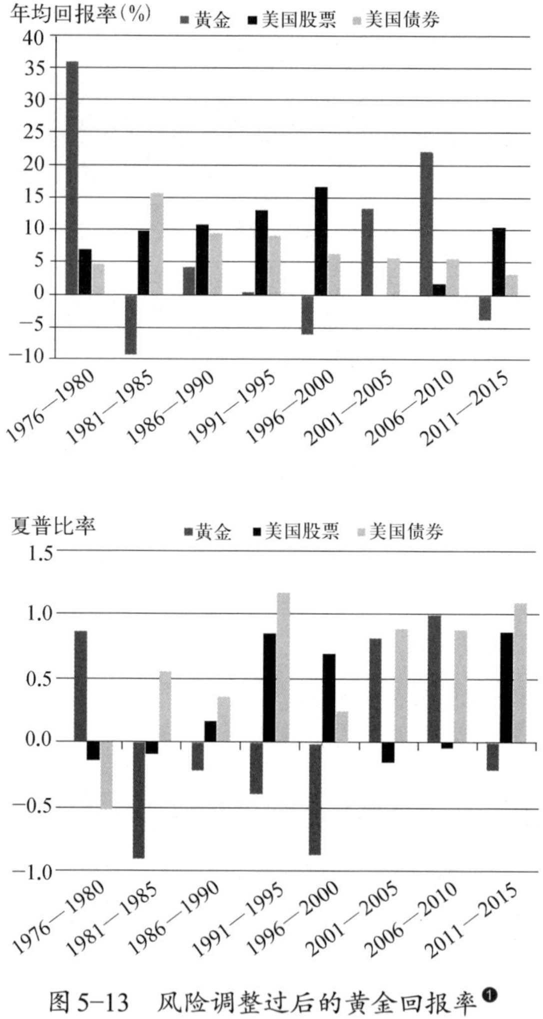

图 5-13　风险调整过后的黄金回报率❶

---

❶ 资料来源：彭博资讯，中金公司研究部。

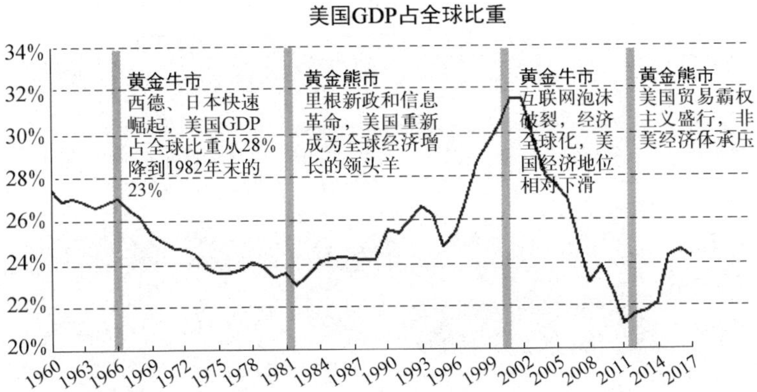

图5–14　黄金价格反映了美国与非美经济相对强弱的周期性交替[1]

的研究报告，如果经济处于通胀紧缩的状态，黄金通常是配置较低比例或者不配置；如果消费价格比较稳定，也是低配黄金（见图5–15）；只有在经济处于高通胀时期，才需要多配置黄金，这也是黄金资产投资优势的体现。如果把黄金与其他资产类别如债券、股票等进行比较，还可以发现黄金资产超配时，权益和债券分别是标配和低配；黄金低配时，权益或债券资产都会超配，这说明黄金与其他大类资产的相关系数通常较小，可以起到多元化分散风险的作用。

❶ 图5–14资料来源：兴业证券：黄金王者归来——从全球货币体系说起，2019年6月27日。

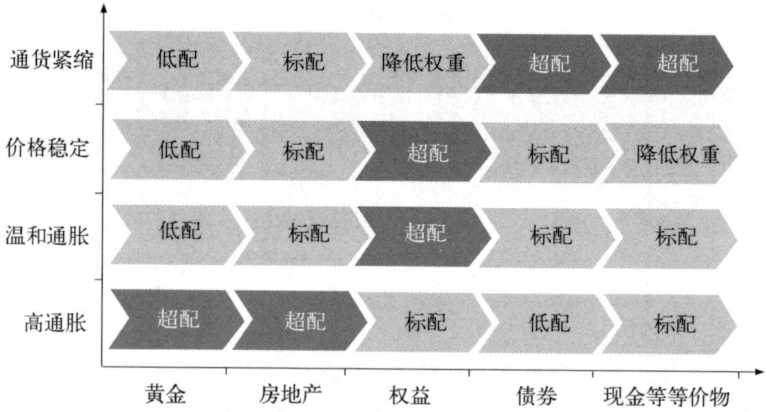

图 5–15　通胀与资产配置[1]

其次是配置的方式和途径，投资者如果要进行黄金投资，主要方式包括实物黄金、黄金现货、黄金期货、黄金股票、黄金基金、黄金理财等，投资渠道包括上海黄金交易所、银行、金店、上海期货交易所、证券交易所等。

目前，全球经济形势面临衰退风险，黄金作为“无国界”货币的避险优势将得到进一步凸显。尽管近几年黄金的表现不算好，但如果预期经济环境的快速下行，配置黄金资产也有一定的优势。高净值人士还需要注意的是，黄金价格本身的波动率也会增加持有成本和风险。

[1] 图 5–15 资料来源：彭博资讯、CEIC，中金公司研究部。

艺术品

国内民间盛传一句俗语，“盛世收藏，乱世黄金”，即在经济繁荣兴盛时期，大家会在收藏方面追加投资，而在经济衰退的混乱年代，大家则倾向于规避风险，会更多地配置黄金资产。中国人自古以来就有收藏古董的喜好，但这种喜好更多的是在私人、小范围内交流和流转，并不具市场规模。研究显示，改革开放以后，中国的艺术品市场快速崛起，并经历了三次周期性“高潮”波动：第一个高潮是1995—1997年，第二个高潮是2003—2005年，第三个高潮是2009—2011年[1]。2011年中国艺术品市场发展达到了顶峰，成为全球最大的艺术品市场之一。

尽管在这之后，国内艺术品市场开始进入调整时期，成交额有所下降，但从2017年开始，高端艺术品市场开始进一步整合。瑞银对艺术品市场的调查显示，2018年艺术品市场的全球总销售额达到了674亿美元，较2017年增长6%，创下了10年来第二高。美国再次成为全球最大市场，销售额为299亿美元，市场占有率高达44%；英国为全球第二大市场，销售额

[1] 搜狐网：《解读——中国艺术品市场的发展变化》，2018年3月21日，http://www.sohu.com/a/226003956_99976825，最后浏览日期2019年9月2日。

增长8%至略低于140亿美元，占全球总销售额的21%；中国为全球第三大市场，2018年销售额增长19%，达到129亿美元，同比下降3%，这主要是受经济发展大环境的影响，高净值人群的财富增速有所下降，但随着财富转型的需求加剧，超高净值人群和千禧一代进一步增加在艺术品方面的投入。同时，艺术品市场也是对经济发展和财富创造趋势极好的反映，可以看出未来市场发展的重心在亚洲❶。

中国的艺术品市场在相对短的时间内迅速发展，在成交额和成交量方面不断创造新的高度，一方面反映了居民财富累积的倍数增长，爱好型投资配置凸显，另一方面也体现了艺术品已经成为投资者分散投资风险、获得资产增值的重要途径之一。根据胡润研究院与汇加移民联合发布的《2016中国投资移民白皮书》，超过8成的高净值人群表示有“爱好型投资”，名画（24%）和名表（16%）是爱好型投资中最主要的两大投资方式，其中名画的投资比例较往年有所提升。很多人说到艺术品投资，可能会觉得它既小众，门槛也较高，而且投资周期长，但其实经历多年的发展演化，艺术品投资的交易方式和投资

❶ 艺术中国：《2018年全球艺术品市场增长6%，千禧一代藏家购买积极》，2019年3月20日，http://art.china.cn/zixun/2019-03/20/content_40693832.htm，最后浏览日期2019年9月2日。

渠道更加多元且流动性更强（见表5–13），接下来我们将具体阐述。

表5–13 爱好型投资项目投资比例❶

爱好型投资项目	投资比例
名　画	24%
名　表	16%
邮　票	7%
名　酒	4%
古董车	2%

1. 艺术品投资的定义

艺术品投资是个人或企业以艺术品为投资目标，以赚取利润回报为目的的投资行为。在国际资本市场中，艺术品已经成为资产配置中非常重要的投资类别，具有投资和收藏双重属性，既可以抗通胀，也可以分散风险。

从艺术品的特性来看，稀缺性和不可再生性是其最重要的特性，赋予了它在资产保值增值方面独特的优势。“物以稀为贵”，

❶ 表5–13资料来源：汇加移民&胡润：《2016中国投资移民白皮书》，2017年11月。

这是很多高净值人群收藏与投资艺术品的重要考量因素之一。

与股票、债券等传统资产类别相比，首先，艺术品投资的流动性较差，主要通过私下转手交易和拍卖公司拍卖等方式变现，耗时较长；其次，艺术品投资的交易成本更高，包括保管费、维护费、鉴定等各类中间费用；最后，艺术品投资对投资者的审美和鉴别能力有比较高的要求，并且要求投资者可以对艺术品的投资价值有合理的判断和预估。尽管较多的限制条件阻挡了一部分投资者，但也在一定程度上使得合格投资者获得倍数级回报的可能性大大提高。

2. 艺术品投资的主要途径

艺术品是一个比较广泛的概念，从书画、瓷器、邮票、珠宝到钟表等，都属于艺术品的范畴。与股票市场类似，艺术品市场也可以分为一级市场和二级市场，其中一级市场以画廊、博览业为代表；二级市场就是拍卖业，这是高净值人士进行艺术品实物投资最直接的渠道。

画廊作为一级市场，是对接艺术家与消费者的重要媒介，也是进行艺术品投资最重要的渠道之一。但我国的画廊发展起步较晚，行业乱象较多，缺乏诚信，而且其生存空间受到二级拍卖市场的严重挤压，当下国内尚未形成成熟、健康的产业链。

对于艺术品，我国的很多画廊目前只反映了市场价格，而忽略了艺术价值，所以不能算作真正意义上的画廊。在艺术品的真伪方面，画廊并不能提供绝对的保障，依然需要投资者自己的评估和判断。除了画廊，投资者也可以通过参加艺术博览会接触国内外知名画廊和机构，对感兴趣的艺术品进行全方面的了解，包括市场定位、升值潜力等。

近年来，中国在艺术品二级市场——拍卖的表现更加引人注目。AMMA & Artprice发布的2018年全球拍卖总成交额数据显示，艺术市场上的三大强国，美国、中国、英国贡献了全球艺术品总成交额的85%，其中，三个国家艺术品成交额占总成交额的比例如图5-16所示，美国占38%，中国占29%，英国则占18%。在西方，伦敦和纽约作为最主要的艺术市场，分别贡献了英国和美国市场拍卖总成交额的98%。中国（45亿美元）艺术市场的布局综合考虑了国内市场和国际市场，分布更加均匀，主要由四大核心城市组成：北京（45%）、香港（29%）、上海（7%）和广州（6.7%）[1]。

拍卖市场几乎囊括了所有的高端艺术品，是高净值人群对艺术品进行实物投资的最主要途径。2018年前10强拍卖公司如

---

❶ AMMA & Artprice：《2018年度艺术市场报告》，2019年4月。

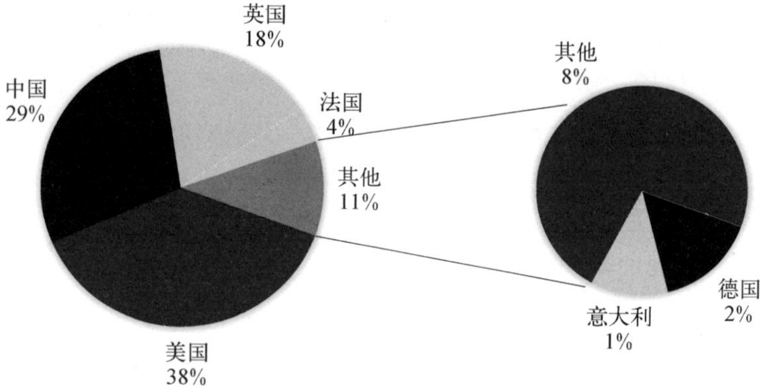

图5-16　2018年全球拍卖总成交额地理分布

表5-14所示，在国内，中国本土的拍卖行依然在市场上占据统治地位，但中国的高净值人士同时也积极地参加海外举办的大型拍卖会。投资者如果选择拍卖行进行交易，不仅需要支付高昂的手续费，还需要考虑政府税率以及其他运输保管费用，最后交易的总费用可能达到落槌价的20% ～ 30%。

表5-14　2018年前10强拍卖公司：依纯艺术类拍卖总成交额排序

	拍卖公司	总成交额（美元）	总成交量（件）
1	佳士得	4 998 867 473	16 082
2	苏富比	3 932 490 788	13 307
3	保利拍卖	654 304 640	8 000
4	富艺斯	653 829 059	4 450

（续表）

	拍卖公司	总成交额（美元）	总成交量（件）
5	中国嘉德	606 226 161	10 323
6	匡　时	328 964 829	2 656
7	荣　宝	246 871 078	6 895
8	邦瀚斯	171 110 342	7 531
9	北京瀚古	155 654 501	454
10	西泠印社	132 962 259	3 386

除了艺术品直接投资，高净值人士也可以选择间接投资的方式，即购买艺术品金融化产品，这可以让缺乏艺术品专业知识的投资者分享升值红利，如艺术品基金、信托等。艺术品基金最早出现于国外市场，由专业经理人进行基金运作，通过交易艺术品获得基金升值。目前国内艺术品基金根据产品形式主要分为两大类：艺术品银行理财和艺术品私募基金。艺术品私募基金的投资门槛较高，并且流动性较低，一般有较长期限的封闭期，但是其收益率受金融市场波动的影响较小。

1988年，美国纽约大学金融学副教授梅建平和他的同事——运营管理学教授迈克尔·摩西，从金融角度出发，把艺术品作为一种资产类型研究，共同创立了梅摩艺术品指数（简称梅摩指数）。梅摩指数通过跟踪同一件艺术品的重复交易记录

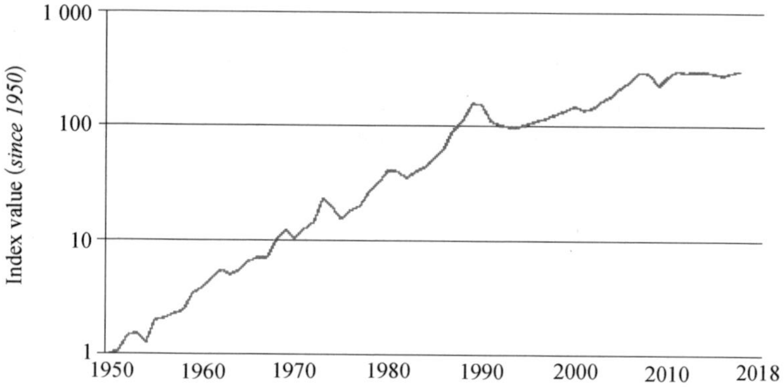

图 5-17　1950—2018 年苏富比梅摩艺术品指数[1]

来构建，基于科学的结构与精密的计算，可以很好地反映艺术作品的市场走势和价值的实际增幅，目前梅摩指数已被著名投资银行摩根士丹利定为世界十大资产指数之一。图5-17给出了1950—2018年苏富比梅摩艺术品市场指数，假定1950年的指数基准为1，显示了整个艺术品市场需求的复合年化增长率高达8.8%。

那么，投资艺术品的收益率如何呢？雅昌艺术市场监测中心在《2018年度艺术市场报告》中发布了"书画对黄金"收益指数，这一指数对比了书画与黄金的收益，值为正表示书画投资回报率高于黄金；值为负则表示书画投资回报率低于黄金。如图5-18所示[2]。

---

[1] 图5-17资料来源：苏富比官网。

[2] 雅昌艺术市场监测中心：《雅昌指数说明》，https://amma.artron.net/artronHelp.php，最后浏览日期2019年9月2日。

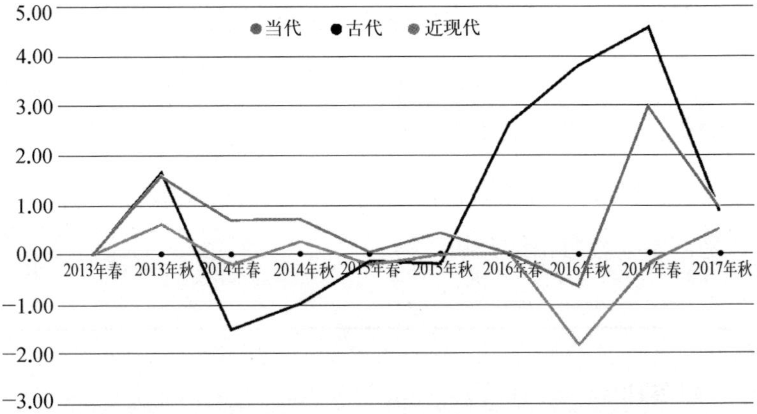

图5–18 2017年雅昌“书画对黄金”收益指数[1]

注：“书画对黄金”收益指数通过建立一种新的艺术品价格分析模型将艺术品价格直接与金价做对比，剔除了货币通货膨胀因素的影响，更真实地反映了艺术品投资的实际收益，借此投资者可以更理性地看待艺术品的增值能力。

如图5–18所示，相较于古代书画、近现代书画，当代书画的投资收益风险更小；与黄金相比，当代书画收益率除了在2016年秋拍略低于黄金以外，其他时期都高于黄金收益。古代书画则由于真伪鉴定等问题，影响了整体板块的投资收益，属于高风险高回报的投资类别。2017年秋拍，中国古代书画、近现代书画及当代书画的收益均高于黄金。

❶ 图5–18资料来源：AMMA & Artprice《2018年度艺术市场报告》，2019年4月。

目前，中国国内高净值投资者配置艺术品的热情开始逐渐回升。随着高净值人群财富配置的多元化，爱好型投资的比例会加大，其中艺术品投资又是最主流的类别。总体来看，直接投资方式要求投资者拥有较高的鉴别和判断能力，而间接投资则是艺术与金融相结合的产物。

投资 TIPs：

1. 对冲基金通过一系列的交易策略可以使收益与风险达到更好的平衡。
2. 作为无国界货币的黄金在危机时期更具配置优势。
3. 艺术品金融化趋势丰富了艺术品的间接参与形式。
4. 与黄金相比，艺术品的长期回报率更好。

第6章

保险知多少

每个人的生活中都可以找到保险的身影。保险最基本的功能是保障，可以满足家庭多方面的需求，从意外、医疗保障、重大疾病保障、寿险到子女教育金、养老保障，甚至是投资理财和资产的传承和保障。

按照保险标的不同，保险可以分为人身保险和财产保险两种，其中人身保险又可分为人寿保险、健康保险和人身意外伤害保险，分别对应人生不同阶段的避险需求。其中人寿保险就可以作为长期对冲死亡风险的工具。

目前，中国保险消费的现状是怎么样的?

根据普华永道和中国太保联合发布的《中国保险消费者白皮书（2018版）》，我们可以看到，保险消费者的人均保单为2.89张，其中男性为保险主要消费客群，消费者中男性客户占比达60.8%；从保险类别看，各年龄阶段的消费者第一张保单都首选意外险，年轻人和老年人次选医疗险，中年人次选寿险。

从年龄来看，80后保险意识更强，是消费者主力军。31～40岁的客户占比最高，为29.7%。已婚人群比单身更愿意买保险，占比高达78%，这充分说明了我国家庭风险意识的增强，但是消费者保险观念仍停留在为本人投保阶段，为自己购买保险的比例为76.1%。

如此看来，人们对保险的印象已经开始转变，对保险接受程度正不断提高，未来或成为不可或缺的投资选择。

著名学者、诗人胡适是这样看待保险的："保寿（保险）的意义，只是今天作明天的准备；生时作死时的准备；父母作儿女的准备；儿女幼时作儿女长大时的准备；如此而已。今天预备明天，这是真稳健；生时预备死时，这是真旷达；父母预备儿女，这是真慈爱。能做到这三步，才能算作是现代人。"（摘自《胡适遗稿及秘藏书信》）

在人生的不同阶段，需要匹配不同的保险保障。保险圈内有这样一种说法，"人的一生至少需要四张保单"：第一张保单送给父母，在年轻人大学毕业并找到工作后，给父母买份保险作为对父母养育之恩的报答；第二张送给自己，这是考虑到面临的疾病、意外的风险；第三张送给爱人，防止当自己出现意外时可以保障家人的生活；第四张是养老险，这是为了保障退休后的体面生活。

其实，保险是人们充分利用大数据的行业，是一个"一人有难，八方支援"的概念，其中一个人发生了风险，其他人所交的保费付给他；也是一个"以小博大"的概念，今天投入的保费，换取未来某个时点当意外或死亡发生时保险公司赔付的保险金。保障是保险的核心所在，同时保险也体现了爱和责任。所以购买保险的时候不应该只看收益率，毕竟保险并不与投资画等号，购买保险的初衷，应是出于对特殊情况的考虑。

那么，针对不同人生阶段的保险需求，合理的保障顺序应该是怎样的？

（1）“先保障，再增值”。保险最大的功效就是杠杆作用，保障型保险回报与投入比却是以几十、几百倍来计算的。比如意外保险、定期寿险、医疗保险，几百元可以保障几十万，这其实也是中产阶级看重保险的主要原因。之所以叫“保险”，其本质目的是防守，而不是进攻。所以，风险转移才是保险的首要目的。

（2）“先保全，再保多”。有保险和没有保险差别很大，有了保险多和少差别不大。只要能把各种风险都保全，不论发生什么风险都有保障，这才是解决人生的大问题。

（3）“先保大，再保小”。很多家长为孩子设置了充足的保障，但父母才是孩子最坚固的保护伞。毕竟孩子若有事，还有父母可以依靠，但如果父母出事了，孩子怎么办？谁来撑起家庭责任和经济的重担？所以作为家长，在替孩子未雨绸缪的同时，应先为自己配置一份保障。

（4）“先保活，再保死”。中产阶级对一个家庭和企业都是重要的，现在的企业有一个普遍的现象：对于员工意外身故的赔偿额度都是不错的，但是对于员工重疾或住院的赔偿，金额少得可怜，这是典型的“保死不保活”。但是人都不在了要钱有什么用，人的一生中疾病、残疾、住院的发生概率远比身故要高得多，所以当风险真的来临时，我们需要考虑的是如何保命。保险最本质的应该是保人，用保险的钱来治病、用理赔的钱来救命。

明确了需求与保障的顺序，接着考虑保额的设置，应遵循“双十原则”，即十分之一的保费和十倍保额。各个险种保额的配置大致如下：

定期寿险保额=家庭年支出的10倍（覆盖心理恢复期）+负债

重疾险保额=家庭年收入的3～5倍

意外险保额=家庭年收入的3～5倍

医疗险保额=每人不低于100万元

设置好保额的保障后，出于增值目的，还可以选择具有理财功能的新型寿险。人寿保险总体上可以分为两类，一类是死亡风险保障的寿险，一类是具有储蓄、养老功能的年金险和两全险，如图6–1所示。

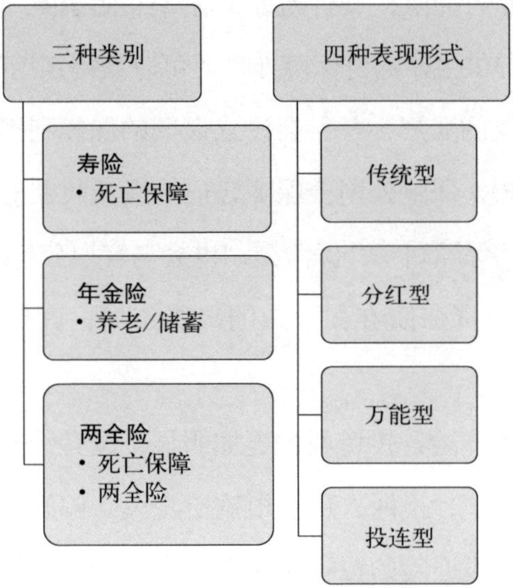

图6–1 保险的三种类别和四种表现形式

在表现形式上，属于新型寿险的分红险、万能险、投连险，相比传统寿险产品而言，具有一定的理财功能，但三者区别很大，下面我们分别简要介绍。

首先，分红险属于理财型，具有分红的功能。分红险只可设立一个账户，分红的账户和一般保障账户是混合的。根据保障功能的强弱，分红险分为投资型和保障型。根据保监会的规定，分红险的盈余中至少70%是应该分给客户的，所以它跟固定收益类投资产品非常类似。

第二类是万能险，具有储蓄、财富保值增值、传承的功能。万能险除了提供生命赔付保障外，还可以获得定期的利息收入。万能险有独立的账户，并且会设立最低的保障利率。如果投资账户发生亏损，保险公司会保障客户的最低收益；如果投资收益高于最低的保障利率，保险公司也会与客户分享额外的收益。万能险主要投资在债券和股票的二级市场，其投资属性较为鲜明。

最后是投连险，投资属性更加明显，设有一般的保障账户和多个投资账户，投保人可以根据自身风险偏好选择各个账户的投资比例。投连险的投资风险由客户自身承担的，保险公司不承担投资的风险，这一点要和万能险区别开来。

保险的投资收益率是多少呢？数据显示，2015—2017年，不管是内地的寿险还是香港的寿险，保险业的整体投资收益率平均差不多在4% ～ 6%之间。而2018年权益市场收益惨淡，险资整体收益率受到拖累，同比下滑1个多百分点，约在4.3%。但是有一点，与传统保险产品相比，理财型保险的投资属性更加明显了，所以投资者在选择时要更关注风险因素，充分匹配家庭的投资需求与风险偏好。

根据瑞再研究院Sigma报告（2017年第3期），2016年全球保险业的直接保费总收入实际增长率为3.1%，较2015年增幅有所放缓。2016年，北美洲和西欧的直接保费总收入为1.4万亿美元，与上一年大致持平。而中国的总保费收入达到4 660亿美元，为世界第三大保险市场，市场规模与第二大保险市场日本（4 710亿美元）相差无几，但仍远低于美国（1.35万亿美元）。报告指出，未来10年，新兴市场仍将是驱动全球经济及保险行业发展的重要引擎，预计中国在21世纪30年代中期将成为全球最大的保险市场。

海外医疗在近5年里成长性非常高，公开数据显示，中国海外医疗市场从2013年还不到3亿元的市场规模到2019年将近25亿元的市场存量，增幅超过8倍，而且还有继续增长的势头。对于购买能实现海外医疗服务的保险产品的人群，我们有以下几点建议。

首先，由于目前大多数实现海外医疗服务的保险产品是由中介提供的，因此，选择一个在行业内有信誉、有口碑的机构非常有必要。

第二，在购买时要先看合约中的免责条款，如像攀岩、跳伞等高风险职业活动产生的伤害一般是不包含在内的。也要注意等待期的问题，一些保险对特定的疾病有30 ～ 120天等待期，消费者应特别留意等待期内发病、保险不赔付的情况。

其次，患者应该多留意保单生效时间和终止时间。有些海外医疗保单的生效时间是以境外当地时间为准的，这就有可能产生一种情况，就是人在海外发生意外时，保单还没有生效。所以大家应该好好计算一下时差，以保证保险服务能最大限度覆盖在海外的时间，以防不测。

另外，要根据海外当地的消费水平决定就医保额。像美国、日本、新加坡这些国家的消费水平和医疗费用比较高，以美国中部地区为例，美国中部是消费水平比较低的地区了，但是救护车出诊一次就要花费近900美元，出动直升机救护伤员一次需要差不多3.4万美元，如果患者没有足够的保额，到时候手里拿着保单还要自掏腰包补齐医疗费是个很不划算的买卖。

最后，如果不幸在海外出险，建议大家牢记当地紧急救援电话和中国大使馆电话，并保留好所有医院的诊断报告和费用凭证，方便日后在当地或者回国后提供证据申请赔偿支付。

以上主要谈及保险的保障功能，是围绕对家庭的责任展开的，其次还讨论了人寿保险的分类和选择，以及购买海外医疗保险产品的注意事项。随着时代的发展，保险逐渐衍生出了财富传承、资产隔离与保护、节税等功能，但是投资者在选择时一定要记得，需求的匹配是第一位的。

投资 TIPs：

1. 保险的购买顺序可从底层到顶层。
2. 第一层健康险，包括重大疾病保险。
3. 第二层意外险，包括意外伤害保险和意外伤害医疗保险。
4. 第三层医疗险，包括住院医疗保险。
5. 第四层储蓄类保险，包括子女教育保险、养老保险。
6. 第五层投资类保险。

致谢

感谢中欧国际工商学院的研究经费支持，感谢丛书编辑所做的编校工作，感谢陈世敏教授对本书所提出的评审意见，以及刘心洁、尹文强、龚铭、刘亚蕾为本书所做的文字工作。作者负全部文责。